本教材受到北京航空航天大学校级教材

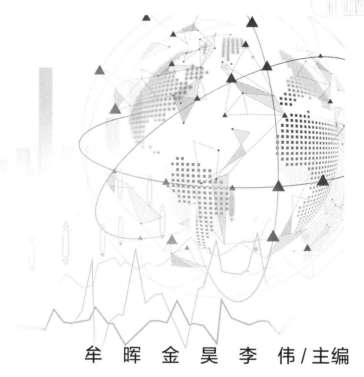

牟 晖 金 昊 李 伟 / 主编

宏观经济学原理

数据测度与政策分析

Principles of Macroeconomics

Data Measurement and Policy Analysis

中国财经出版传媒集团

经济科学出版社
Economic Science Press

北京

图书在版编目（CIP）数据

宏观经济学原理：数据测度与政策分析/牟晖，金昊，李伟主编．－－北京：经济科学出版社，2024.5
ISBN 978 – 7 – 5218 – 5779 – 5

Ⅰ.①宏⋯ Ⅱ.①牟⋯②金⋯③李⋯ Ⅲ.①宏观经济学–高等学校–教材 Ⅳ.①F015

中国国家版本馆 CIP 数据核字（2024）第 068463 号

责任编辑：李 建 王红英
责任校对：郑淑艳
责任印制：邱 天

宏观经济学原理
——数据测度与政策分析
HONGGUAN JINGJIXUE YUANLI
——SHUJU CEDU YU ZHENGCE FENXI

牟 晖 金 昊 李 伟 主编
经济科学出版社出版、发行 新华书店经销
社址：北京市海淀区阜成路甲 28 号 邮编：100142
总编部电话：010 – 88191217 发行部电话：010 – 88191522
网址：www. esp. com. cn
电子邮箱：esp@ esp. com. cn
天猫网店：经济科学出版社旗舰店
网址：http：//jjkxcbs. tmall. com
固安华明印业有限公司印装
710 × 1000 16 开 14.5 印张 231000 字
2024 年 5 月第 1 版 2024 年 5 月第 1 次印刷
ISBN 978 – 7 – 5218 – 5779 – 5 定价：54.00 元
（图书出现印装问题，本社负责调换。电话：010 – 88191545）
（版权所有 侵权必究 打击盗版 举报热线：010 – 88191661
QQ：2242791300 营销中心电话：010 – 88191537
电子邮箱：dbts@ esp. com. cn）

序　言

　　宏观经济学是一门研究经济体整体表现以及政府为了改善经济所采取的政策的学科。它的研究范围包括国家或地区的整体生产、总收入、总支出、总就业以及整体价格水平、财政政策、货币政策等。它关注经济增长的因素，如投资、创新和人力资源的利用，以及经济增长对社会福利、财富分配和环境的影响。宏观经济学的目标是理解和解释整体经济的运行规律，以便预测和影响经济的走向。通过研究经济活动总量、经济增长、就业情况和价格水平等指标，宏观经济学帮助我们了解经济为什么会出现波动和衰退，以及如何通过调整货币政策、财政政策和其他政策手段来促进经济的稳定和增长。与之相对的是微观经济学，后者关注的是个体经济主体（如家庭、企业、市场）的经济行为和决策。

　　想象一下你在一家食品连锁超市工作，你可能只关注你所负责的柜台的销售情况和产品管理等细节问题，这属于微观经济学的领域。但是，如果你想了解整个超市的整体销售情况、超市员工的平均工资水平、超市对当地经济的影响，以及政府是否采取措施促进超市业务的发展，那么你就需要使用宏观经济学的工具和概念来研究这些问题。

　　宏观经济学的研究方法涵盖了数据分析、统计学、数学建模和经济理论等多个领域。通过收集和分析大量实证数据，研究人员能够了解经济体中不同因素之间的相互作用及其对整体经济表现的影响。

　　宏观经济学就像是一把放大镜，帮助我们观察和理解整个经济的大局。它将我们从微观角度上的单个个体行为，提升到宏观层面上对整个经济进行关注和分析。学习宏观经济学为我们理解整体经济运行提供了理论基础，是我们制定合理经济政策的重要依据。然而，宏观经济的复杂性和多变性使得准确理解和有效管理宏观经济具有挑战性。为了让读者更好地理解和应用宏观经济学，我们编写了这本《宏观经济学原理——数据测度与政策分析》教材。

本书旨在提供一本既深入又广泛的宏观经济学教材，适合大学本科、研究生以及相关领域的从业人员使用。全书分为六章：经济活动总量测度与数据、价格水平测度与数据、劳动力资源与市场状况的测度与数据、货币政策的原理与案例分析、财政政策的原理与案例分析、供给侧结构性改革的原理与案例分析。

第1章，经济活动总量测度与数据，包括国内生产总值的测度、名义和实际GDP的差异、GDP与经济福利和中国的经济增长等节。这部分将帮助读者了解经济活动总量测度的基本概念、理论以及中国的经济表现。

第2章，价格水平测度与数据，包括消费者物价指数构成、通货膨胀率的计算、使用通货膨胀对名义经济数据进行调整、通货膨胀的成本等节。这部分将引导读者如何获取、分析和应用价格水平数据。

第3章，劳动力资源与市场状况的测度与数据，包括劳动力资源的含义与构成、劳动力市场指标的构建、失业率指标的构建和含义、劳动力市场均衡等节。这部分将通过介绍不同指标来分析劳动力市场的状况，并从劳动力市场均衡的理论视角来理解不同类型失业的原因。

第4章，货币政策的原理与案例分析，包括货币政策的概念界定、货币政策的工具以及传导机制。这部分除了介绍传统的货币政策工具和理论作用机制外，还将讨论2008年国际金融危机后发达经济体所大规模采用的非传统货币政策和效果。

第5章，财政政策的原理与案例分析，包括财政政策的概念、工具、效果以及传导机制。这部分还将财政支出和收入的工具进行详细分类，结合数据来分析财政政策的收支结构，并讨论了公共债务问题。

第6章，供给侧结构性改革的原理与案例分析，包括供给侧结构性改革的概念、主要措施和效果。这部分还将从实体企业、资本市场、房地产市场和对外开放的角度对供给侧结构性改革的内涵和效果进行详细的分析。

本书具有以下特点：简洁明了的语言和逻辑清晰的叙述方式，使复杂的宏观经济理论易于理解。结合全球最新经济案例和数据，将抽象的经济学原理与现实世界联系起来，增强读者的学习兴趣和应用能力。每一章都提供了小结，便于读者巩固知识、深化思考以及进一步研究。

在本书的编写过程中，我们得到了众多同事、学生和出版社的大力支持和帮助。我们参考了国内外最新的经济学研究成果和教材，结合我国实际国情和经济发展特点，力求使本书既具有国际视野，又贴近我国读者。

面对日新月异的宏观经济形势和不断演化的经济理论，本书可能存在不足和疏漏之处。我们期待读者能够结合自身学习经验和思考，批判性地吸收和运用本书所讲述的原理和方法。同时，我们也欢迎读者对本书提出宝贵的意见和建议，以便我们不断改进和完善。

在本书的学习过程中，我们希望读者能够培养以下几个方面的能力：理解并掌握宏观经济学的基本概念和理论，能够运用相关原理和分析方法解决实际问题；掌握宏观经济数据的测量和评估方法，能够准确地分析和预测宏观经济趋势；理解和评估各种宏观经济政策的效果和局限性，能够针对不同的经济形势提出合理的政策建议；培养独立思考和创新能力，能够结合实际情况对宏观经济问题展开深入研究。

总之，本书旨在帮助读者掌握宏观经济学的基本原理和方法，培养分析和解决实际问题的能力，为未来的经济发展和研究工作打下坚实的基础。希望读者在学习的过程中，能够充分发扬探索精神，不断追求卓越，为推动我国经济的持续发展和社会的繁荣作出贡献。

目录

第1章

经济活动总量测度与数据

经济是人类社会最为重要、最为复杂的活动之一。了解、测度和分析经济活动总量是我们理解社会经济的基本起点。正如大卫·罗斯科普夫所说，"没有测度，就没有经济学"。

在宏观经济学中，经济统计数据是一个重要的主题，它涉及收集、分析和解释关于整个经济体的各种数据。在这个全球化和日新月异的世界中，我们需要可靠的数据来理解经济的运行情况、预测未来的趋势以及制定相应的政策。这些统计数据提供了对宏观经济现象和趋势的深入洞察，帮助我们理解和研究经济的整体表现和运行状况。经济活动总量的测度与数据提供了这些重要的信息。

通过宏观经济学的视角，我们可以深入研究经济活动总量并从宏观层面上理解经济现象和运行机制。作为一项重要的宏观经济统计数据，国内生产总值（Gross Domestic Product，GDP）是衡量一个国家经济活动总量的关键指标。通过探索国内生产总值（GDP）等核心指标，我们可以揭示经济增长、失业、通货膨胀等现象背后的因果关系。

然而，仅仅掌握数据是不够的，我们还需学习如何正确地解读、分析和利用这些数据。经济活动总量测度与数据是宏观经济学的基石，也是我们深入理解和研究经济现象的关键。希望通过这一章节的学习，能够建立对经济活动总量测度与数据的扎实基础，为后续深入学习宏观经济学打下坚实的基础。

1.1 国内生产总值的测度

1.1.1 国内生产总值的概念

国内生产总值（GDP）是衡量一个国家经济活动总量的重要指标。在本章中，我们将深入研究 GDP 的测度方法，以便更好地理解经济活动的总量。

国内生产总值是指，一个国家或地区在一定时期内生产的全部最终产品与服务的市场价值的总和。它反映了一个国家或地区经济活动的规模和价值，既包括消费者购买的商品和服务，也包括企业的投资和政府支出等。为了便于理解这一定义，我们对其中的三个关键词进行解释。

1. 市场价值

定义中第一个关键词是"市场价值"。市场价值指的是一项商品或服务在市场上所能以货币形式交换的价格。它是以市场需求和供给的相互作用为基础，通过市场交易来确定的。在计算 GDP 时，我们需要根据市场价值来衡量各种商品和服务的总量。通过对市场交易中涉及的货物和服务的价格加以累加，可以得到它们的市场价值。这个市场价值的累加过程是 GDP 计算的基础。

现代经济的产出包括形形色色的产品与服务，为了讨论诸如"总产出""总产量"等概念，经济学家需要对各种产品和服务的产量进行综合，以反映整体水平。我们用一个例子来说明这一点：

假设甲经济体，产出为 5 吨大米、4 吨小麦、6 吨玉米。为了计算甲经济体的总产出，我们可以将其加总，得到总产出为 15 吨粮食。但如果甲经济体还产出了 8 张桌子，把大米、小麦、玉米的数量加在一起是没有意义的。然而，假设大米的价格为 2500 元/吨、小麦的价格为 2550 元/吨、玉米价格为 2400 元/吨、桌子的价格为 200 元/张，那么甲经济体产出的市场价值 $=2500 \times 5 + 2550 \times 4 + 2400 \times 6 + 200 \times 8 = 38700$（元）。

市场价值使得我们可以对不同领域、不同行业和不同种类的经济活动进行比较和分析。不过，使用市场价值的方法也有一定的局限性。市场价值方法只能反映购买和销售商品以及提供和使用服务的市场交换活动。它不能反映非市场经济活动，例如家庭主妇的无偿劳动、自给自足的农业生产等。这些非市场经济活动可能在实际经济中发挥重要作用，但由于缺乏市场交换，无法被市场价值方法所衡量。

然而，在特定情况下，一些非市场销售的产品和服务也包括在 GDP 中。其中一个重要的例子是政府提供的产品和服务，例如，公立学校的教育。由于这些政府提供的产品和服务没有市场价格，经济统计学家将提供它们的成本视为其经济价值的近似度量，并加入 GDP 中。举个例子，为了将公共教育纳入 GDP，统计学家需要考虑教师和管理人员的薪酬、教科书和其他学习材料的成本，以及类似的其他费用，并将它们作为 GDP 的一部分。

除了类似公共部门提供的产品与服务这些特殊情况外，GDP 是通过对市场价值进行加总计算得到的。不过，并非具有市场价值的全部产品与服务都已经被计算在 GDP 里。接下来我们将会看到，GDP 只包括生产过程的最后产物，我们称为最终产品与服务。

2. 最终产品

GDP 的定义中涉及的"最终产品"指的是由最终消费者购买和使用的产品，而最终服务则是指最终消费者直接享受和受益的服务。在计算 GDP 时，只有最终产品和服务的价值被计算在内。这是为了避免多次计算同一个产品或服务的价值。通过这种方式，GDP 可以准确地反映国家经济中真正产生的价值。

为了理解最终产品与服务的概念，让我们用一个例子来说明。假设一个国家生产了三个产品：小麦、面粉和面包。小麦是原材料，面粉是由小麦加工而成的中间产品，而面包是由面粉制作而成的最终产品。

在计算 GDP 时，只有最终产品的价值被计算在内。因此，面包的价值将被计入 GDP，而小麦和面粉的价值则不会被计入，因为它们都是中间产品。这是因为小麦和面粉的价值已经在生产面包的过程中得到计算。只有面包被最终消费者购买和使用，才能被视为最终产品。

同样地，最终服务的概念也遵循类似的原则。例如，餐厅提供的用餐服务被视为最终服务，因为顾客直接享受和受益于这项服务。但是，如果餐厅购买食材或设备，这些中间产品的价值不会被计入 GDP，因为它们并非最终服务。其中值得注意的是，购买的机器设备很难被归类为中间产品或者是最终产品，我们称之为资本品。资本品是为了协助其他产品与服务的生产而生产和使用的耐用品。资本品并不满足最终产品的定义，因为生产它们的目的是生产其他产品；同时，它们在生产过程中也不会很快被消耗，因此也不是中间产品。它很难被归为中间产品或者是最终产品。

通过区分最终产品与服务，GDP 可以准确衡量一个国家经济中最终消费者所购买和使用的产品和服务的总价值。这使得 GDP 成为衡量经济活动总量和比较不同国家经济状况的重要指标。

3. 一个国家或地区在一定时期内

国内生产总值定义中第三个关键是"一个国家或地区在一定时期内"。一个国家或地区说明 GDP 是对某一国家范围内经济活动的度量。因此，只有那些在一国地域范围内发生的生产活动才能计入该国的 GDP。此外 GDP 是用于度量在一定时期内，一般是指一年，发生的生产活动总量的指标。基于此，只有那些在当年生产的产品与服务才能计入该年的 GDP。

现有房屋的销售应计入 GDP 吗？

一对年轻夫妇用 100 万元购买了一所有 20 年历史的房屋。同时他们还要向房地产代理商支付 6% 的佣金（6 万元）。这笔交易对 GDP 的贡献是多少？

由于房屋并非当年建造的，它的价值不应计入该年的 GDP（房屋的价值已包含在 20 年前建造房屋那年的 GDP 中）。一般而言，对旧房、旧车等现有资产的购买和出售并不会对当年的 GDP 作出贡献。不过，支付给房地产代理商的 6 万元费用却体现了代理商协助家庭寻找房屋实现购买这些服务的市场价值。由于这些服务的提供发生在当年，代理商的这部分收入应计入当年的 GDP。

1.1.2 国内生产总值的测度

GDP 的测度通常基于国民账户的原则，通过统计在一定时间范围内生产的所有商品和提供的服务的市场价值来计算。下面是 GDP 的三种常见测度方法。

（1）支出法：这种方法将 GDP 定义为一国居民在一定时间内用于最终消费的支出总额。它包括消费、政府采购、投资和净出口。通过统计这些支出的总和，可以得到经济活动的总量。

消费（Consumption）指的是消费者购买商品和服务的支出，包括衣物、食品、住房、医疗保健等。它是一个国家内部的主要经济活动之一，可以通过家庭支出调查、零售销售数据和其他相关指标来估算。

政府采购（Government Purchases）是指政府购买商品和服务的支出，包括教育、国防、基础设施等。它包括中央政府和地方政府的支出，以及政府通过投资和消费促进经济增长的支出。

投资（Investment）是指私人企业和公共机构购买设备、建筑物、库存和知识产权的支出。投资是经济增长的重要驱动力之一，它衡量了一个国家的资本形成和生产能力的扩展。

净出口（Net Exports）是指一个国家的出口减去进口的金额。净出口指示了一个国家与其他国家之间的贸易差额，即净出口为正意味着国家的出口超过进口，为贸易顺差；而净出口为负则表示国家的进口多于出口，为贸易逆差。

通过将消费、政府采购、投资和净出口这些组成部分进行加总，我们可以得出一个总体的需求（支出）总量，即国内生产总值（GDP）。我们可以将 GDP 等于四类支出总和的关系用表达式来体现：$Y = C + I + G + NX$，具体核算示例见表 1.1、图 1.1。

表 1.1   支出法核算的我国 2022 年 GDP

指标	总额（亿元）	占 GDP 比重（%）
GDP	1205017.1	100.0
消费（C）	447910.2	37.2
投资（I）	523890.4	43.5
政府采购（G）	193722.8	16.1
净出口（NX）	39493.7	3.2

资料来源：根据国家统计局数据整理。

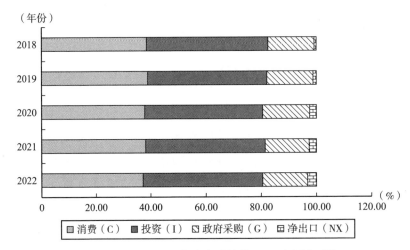

图 1.1　2018～2022 年支出法核算 GDP 各要素对比

资料来源：根据国家统计局数据整理。

（2）收入法：收入法指从生产过程形成收入的角度，对生产活动成果进行 GDP 核算的方法。按照这种计算方法，收入法增加值由劳动者报酬、生产税净额、固定资产折旧和营业盈余四个部分组成。国民经济各行业收入法增加值之和等于收入法 GDP。计算公式如下：

$$增加值 = 劳动者报酬 + 生产税净额 + 固定资产折旧 + 营业盈余$$

收入法在衡量一个国家的经济活动总量时提供了一个不同的视角。它强调了生产过程中各种因素所得到的经济回报，突出了劳动力和资本的贡献。通过收入法，我们可以深入理解不同层面的收入分配，以及企业、个人和政府在经济中的角色。

（3）生产法：生产法指从生产过程中创造的产品和服务价值中，剔除生产过程中投入的中间产品和服务价值核算 GDP 的一种方法。国民经济各行业生产法增加值的计算公式如下：

$$增加值 = 总产出 - 中间投入$$

将国民经济各行业生产法增加值相加，便得到生产法 GDP。在通过生产法对 GDP 进行测算时，要剔除中间产品的市场价值，否则会产生重复计算的问题。然而在实际的生产活动中，有时区分中间产品和最终产品有一定难度，可按如下标准区分：某一产品如果直接出售即为最终产品，如果继续用来生产其他产品即为中间产品。基于上述考虑，通过运用增加值的概念对 GDP 进行计算，即对最终产品在每个生产环节中产生的增加值求和，就得到该产品的最终价值，因此生产法又称增加值法。

中国经济如何保持增长？

国内生产总值由消费（C）、投资（I）、政府采购（G）、净出口（NX）组成，那么下面我们就具体从这四个方面分别分析一下如何实现经济的增长。

消费（C）：由于消费支出主要指家庭在食物、衣着、娱乐等产品和服务上的花费，因此"扩大内需"是关键。在 2023 年政府工作报告中，也把"着力扩大国内需求"放在了当年工作重点的第一条，足见扩大内需的重要性。提振居民消费是扩大内需的重要途径。

我们可以通过以下四个途径提振消费者信心，让居民能消费、敢消费、愿消费。首先是通过多渠道增加城乡居民收入：消费能力提升最根本的是增加居民收入。一方面可以深化收入分配体制改革，更重要的还是稳定和扩大就业。可以通过持续推进减税降费，直接减轻企业负担，保市场主体，使得企业经营所得收入转化为劳动者报酬。另一方面还可以发挥个体工商户作用，带动就业，帮助个体工商户发挥优势、融入市场。国家市场监督管理总局统计显示：截至 2023 年 1 月，我国市场主体达 1.7 亿户，其中全国登记在册个体工商户达 1.14 亿户，约占市场主体总量的 2/3、带动近 3 亿人就业；鼓励大众创业、万众创新，增加新兴职业种类。

其次是保障基本民生和发展社会事业，其中，住房保障、教育、医疗是居民最关心的三个方面。加强住房保障体系建设，保障好各类人群的住房需求；加快建设高质量教育体系，推进义务教育优质均衡发展和城乡一体化，以及深化医药卫生体制改革，在当今社会还要特别重视居民的心理健康和精神卫生，切实减少老百姓的后顾之忧才能更好地增加消费意愿。

再次是稳定大宗消费，推动生活服务消费恢复。2022 年，在国内外多种因素、风险的影响下，大宗消费、生活服务消费受到影响。一方面可以发展消费新业态和新模式，通过减免购置税、发放消费券等方式推动大宗消费的需求增加；另一方面要特别重视"社区消费"，相关研究显示，城市居民一半以上的日常消费支出都集中在社区周边 1 公里范围内，也就是步行 15 分钟的距离，可大范围开展"一刻钟便民生活圈"建设活动，努力把居民的"需求清单"转化为一刻钟便民生活圈的"满意清单"。

最后是促进消费提质升级，提供多元化消费。这就要从供给侧进行改革，通过高质量供给创造有效需求，支持以多种方式和渠道扩大内需。还可以基于各自资源禀赋与优势，打造具有浓郁地方特色的品牌活动创新消费场景，提供多元化消费。

促消费之外，投资（I）也是经济增长"三驾马车"着重发力的其中一驾。我们分别从基建、房地产、制造业投资三方面来分析。从第一个支柱基建投资来看，2022 年在政策的支撑下基建投资增速已经相当强劲，在这个基础上，2023 年还要以更大的力度来支撑，才能让基建增速稳定或提高，从这一点来看难度是比较大的。第二个支柱是房地产投资，2023 年房地产行业的表现可能是强政策弱表现，难以重回到经济增长的引擎地位。第三个支柱是制造业投资，2022 年全年制造业产能利用率总体比 2021 年下降 1.9 个百分点，这说明对工业制造业来说存在一定的产能闲置。想要有效增加投资，还是需要通过政府投资和政策激励有效带动全社会投资。在 2022 年政府就提前启动实施部分"十四五"规划重大工程项目，并通过资金的支持和提高项目审批效率等政策，带动投资的增长。2023 年拟安排地方政府专项债券 3.8 万亿元，依法盘活用好专项债务结存限额，为重大项目建设补充资本金，进一步加快实施"十四五"重大工程，加强区域间基础设施联通。

下面来看看政府采购（G），我们可以通过以下五个方面切实深入推进多领域政府购买服务改革。一是增强就业服务扶持。可以通过重点支持高校毕业生等青年就业创业工作、提升劳动者职业技能素质以及加强劳动者权益保障来加强政府购买就业公共服务。二是提高教育医疗卫生服务能力。加快义务教育优质均衡发展、提高突发公共卫生事件应对应急能力，鼓励通过政府购买服务引导优质医疗资源扩容下沉和区域均衡布局，保障医疗卫生服务公平性、可及性和优质服务供给能力。三是优化社区社会保障服务。对符合条件的特殊困难群体开展养老、精神障碍社区康复等领域政府购买服务，探索"物质＋服务"救助方式，通过政府购买为社会救助家庭等提供访视照料、康复护理、送医陪护等服务。四是助力乡村振兴。主要是通过政府购买服务创新农业农村公共服务供给和实现方式，可以围绕具有较强公益性、带动增收等服务领域，实施重点购买帮扶；鼓励通过政府购买服务带动乡村产业发展；支持发展农业社会化服务，促进农业经营增效。五是探索创新经济高质量发展支持方式。通过政府购买服务为市场主体发展提供技术、人才、培训、咨询等各类专业公共服务，激发市场主体活力。

最后来看看净出口（NX）：2023年的对外贸易工作就是要做到高水平对外开放，扩大外需，继续发挥进出口对经济的支撑作用。2023年中国经济发展面对复杂的国际经济形势和问题，可以说是风险与机遇并存。我们主张的以国内大循环为主体并不是否认国内国际双循环，而是以国内循环促进国际循环，实现相互促进的双循环。具体可以通过扩大市场准入、落实好外资企业国民待遇和实施自由贸易试验区提升战略等方式更大力度吸引和利用外资。

1.2 名义 GDP 和实际 GDP

通过比较不同年份的 GDP，我们可以观察到总产出的变化情况。国家统计局公布的数据显示，我国 GDP 总量一直在增加（见图 1.2），但 GDP

的变化来自产量和价格两个方面。为了更全面地了解经济活动总量的变化，我们需要研究两个重要的 GDP 衡量指标：名义 GDP 和实际 GDP。

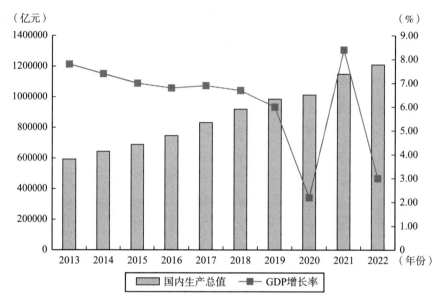

图 1.2　2013～2022 年中国 GDP 及 GDP 增速

资料来源：国家统计局。

名义 GDP 是指以当前市场价格计算的国内生产总值，它反映了商品和服务的市场价值。通过对一个国家在一定时间范围内生产的所有最终产品和服务的市场价值进行加总，我们可以得到该国的名义 GDP。名义 GDP 通常被用作衡量一个国家经济规模和增长率的指标。

然而，名义 GDP 并不能完全准确地反映一个国家的实际经济状况。这是因为名义 GDP 受到通货膨胀的影响。当物价上涨时，名义 GDP 往往会增加，但这并不一定意味着真实的经济活动增长了。为了更准确地衡量经济的实际增长，我们需要使用实际 GDP。

实际 GDP 是指通过将名义 GDP 根据相应时期的价格水平进行调整后得到的国内生产总值。调整后的实际 GDP 消除了通货膨胀的影响，以反映出实际的经济增长。实际 GDP 通常使用一个基准年份的价格来计算，该年份的价格被称为基期价格。通过将名义 GDP 与基期价格相除并乘以 100，我们可以得到相应年份的实际 GDP 指数。实际 GDP 的增长率可以反映出一个国家的经济实际增长情况。

实际 GDP 对于理解经济的真实增长和比较不同时期的经济状况非常重要。通过计算实际 GDP 增长率，我们可以了解一个国家在特定时期内的经济活动表现，例如经济衰退或经济复苏。实际 GDP 还可以用来比较不同国家或地区的经济表现，因为它消除了不同国家或地区之间的通货膨胀差异。

举个例子，假设你开了一家奶茶店。2021 年，珍珠奶茶的定价是 12 元/杯，草莓多多 15 元/杯，手打柠檬 8 元/杯。当年，总共销售了 1000 杯珍珠奶茶，1200 杯草莓多多，800 杯手打柠檬。那当年的名义 GDP 就是 $12 \times 1000 + 15 \times 1200 + 8 \times 800 = 36400$（元）。到了 2022 年，奶茶店涨了一波价：珍珠奶茶 15 元/杯，草莓多多 18 元/杯，手打柠檬 10 元/杯。这三种饮品分别卖出了 1200、1500 和 1000 杯。2022 年名义 GDP 为 $15 \times 1200 + 18 \times 1500 + 10 \times 1000 = 55000$（元）。

但是这样计算出来的 GDP 是包含了通胀（定价的上升）在里面的，并不能很好地表现当年的经济情况。假设，可以 2021 年为基准年来计算实际 GDP：$12 \times 1200 + 15 \times 1500 + 8 \times 1000 = 44900$（元）。因此，如果将你的奶茶店看为一个经济体，该经济体在 2022 年的名义 GDP 和实际 GDP 分别是 55000 元与 44900 元。

通过比较名义 GDP 和实际 GDP 的计算结果，我们可以看出，实际 GDP 剔除了价格上的变化，更准确地反映了产出的真实增长情况。实际 GDP 的计算使我们能够比较不同年度的经济活动总量，从而更好地了解经济的实际增长水平。

需要注意的是，实际 GDP 的计算需要选择一个基准年度，以此年度的价格作为计算标准。这样可以确保我们的比较是基于相对稳定的价格水平，从而更准确地衡量经济活动总量的变化。通常，名义 GDP 和实际 GDP 每年都在增长。但是，名义 GDP 可以增长，而实际 GDP 可以减少。这是因为可能生产的产品和服务减少而价格增长速度快于产出下降速度。如果当年的价格低于基年价格，名义 GDP 可能小于实际 GDP，这通常适用于在基年以前的年份。实际 GDP 增长而名义 GDP 下降，这种情况很少见，这可能因为价格的下降速度要快于产出的增加速度，一般会出现在同时经历经济增长和通货紧缩的国家。

1.3 实际 GDP 与经济福利

经济福利是指一个社会的整体经济状况对个体和群体的福祉影响。它反映了人们在经济活动中所获得的利益、满足和健康状况。在经济福利的研究中，经济学家使用一系列指标来评估一个社会的福利水平。

经济福利指数 = ｛［报告期人均实际收入 × (1 − 基尼系数)］× 人口数量
+ 报告期公共产品 × (1 − 治理污染的潜在成本占
公共产品数量的比重)｝/ 基期经济福利

实际 GDP 的增长通常被视为经济增长的主要指标之一，因为它衡量了物质和服务的总量增加的程度。随着实际 GDP 的增长，一个国家的生产能力和经济活动水平也相应增加，这往往与就业机会的增加、个人收入的提高以及更好的社会福利相关。人们通常认为 GDP 的值越高，经济就越好。

其实，实际 GDP 与经济福利并不等价。它最多也只是衡量经济福利的一个重要指标，这在很大程度上是因为它只包括那些通过市场定价并出售的产品与服务。还有很多对经济福利作出贡献的因素没有在市场上定价和出售，因此在 GDP 的计算过程中，这些因素大部分甚至完全被忽略了。因此实际 GDP 是一个衡量经济福利有缺陷的指标，具体的可以体现为以下几点。

（1）忽略非市场活动：GDP 主要基于市场交易的价值，因此无法捕捉到非市场活动的贡献，如家务劳动、志愿者工作和自给自足的农村生活等。这些活动对人们的生活质量和社会福利有着重要影响，但在 GDP 计算中被忽略。

（2）忽视环境影响：GDP 无法准确反映经济活动对环境的影响。虽然经济增长可以增加 GDP，但它可能伴随着环境污染、资源枯竭和生态破坏等问题。因此，将 GDP 视为经济福利的唯一衡量标准会忽视环境可持续性和生态平衡的重要性。

（3）未能考虑收入分配差距：GDP 无法反映经济中的收入分配情况。即使 GDP 增长了，但收入分配不均衡，可能导致少数人享有大部分增长成果，而大多数人的生活水平没有显著提高。因此，GDP 无法提供有关社会公平和经济不平等的完整图景。

（4）未计入生活质量的变化：GDP 仅关注经济产出的数量，而忽视了经济活动对人们生活质量的影响。例如，虽然一国的 GDP 可能增长，但这并不能反映出人们的教育水平、健康状况、幸福感等非经济指标的改善。

（5）生产和消费外部性：GDP 没有考虑由生产和消费活动产生的外部性，如污染、噪声和交通拥堵等。这些外部性可能对人们的福利产生负面影响，但在 GDP 计算中被忽视。

在我国，还存在一系列与 GDP 增长不完全匹配的问题。

（1）不平等现象：经济增长与贫富差距。

在中国这样一个经济体量巨大且经济转型迅速的国家，实际 GDP 的持续增长是国家富强的重要标志，然而，与此同时也带来了不平等现象，即贫富差距的存在。这种不平等分配现象对于整体经济福利产生了一系列影响，值得宏观经济学的深入探讨。

随着中国实际 GDP 的迅猛增长，富裕地区和发达城市的经济增长较快，吸引了大量资源和投资，形成了经济"增长极"。与此同时，一些不发达地区和农村地区的经济发展相对滞后，这导致了经济"发展滞后区"。这种不平衡的发展态势加剧了贫富差距的存在。

造成不平等现象的原因包括但不限于以下几个方面。

地域差异：地域分布是中国经济发展不平衡的主要原因之一。东部沿海地区拥有发达的制造业和服务业，吸引了大量投资和优质资源。相比之下，中西部地区和一些偏远农村地区的经济基础相对薄弱，发展滞后，不发达问题较为突出。

教育和技能差异：教育和技能水平不平衡也是导致不平等的因素之一。富裕地区和城市普遍拥有更好的教育资源和培训机会，为其居民提供了更多的就业机会和收入增长渠道，而一些不发达地区的教育资源相对匮乏，限制了居民的职业发展。

收入分配差异：随着经济增长，收入分配不均也日益突出。高收入人群的收入增长速度明显快于低收入人群，导致贫富差距拉大。

就业机会：经济增长带来了大量的就业机会，但这些机会并不平衡地分布在不同地区和产业。城市的制造业和服务业聚集了大量的工作岗位，吸引着农村劳动力涌入城市，而农村地区的就业机会相对较少。

（2）环境问题：经济增长与资源压力。

随着中国持续高速的经济增长，环境问题逐渐成为严峻挑战。虽然实际GDP的增长为中国带来了经济繁荣，但这种增长也伴随着大规模的环境污染和资源短缺，直接影响了人们的生活质量和健康状况。

大气污染：经济活动带来了大量的工业排放和交通尾气等，导致大气污染问题日益严重。雾霾天气频发，空气质量下降，严重影响城市居民的呼吸系统健康，甚至引发心血管疾病。

水资源紧张：经济增长带来了对水资源的更大需求，但同时也加剧了水资源紧张局面。一些地区面临水资源供应短缺的问题，影响农业灌溉和居民的日常用水。

土地退化：高速的经济增长导致了大量的土地开发和资源开采，加速了土地退化的过程。耕地面积减少、城市扩张和土地沙漠化等现象严重影响了农业生产和生态环境。

生态破坏：经济增长带来了大规模的城市化和工业化进程，在此过程中，生态系统遭受到严重破坏。生物多样性减少、生态平衡受到破坏，导致生态环境失衡。

（3）劳动力市场：GDP增长与就业挑战。

中国的经济增长为整个社会带来了丰富的就业机会，然而，劳动力市场仍面临结构性问题，其中部分地区和产业的劳动力供求矛盾依然突出。这导致一些人会失业或就业质量较低，对于维护整体经济福利造成了一定程度的挑战。

随着中国经济的高速发展，新兴产业和服务业崛起，这些领域对于高技能、高知识的劳动力需求日益增加。然而，劳动力市场并未完全适应这种结构性转变，造成了以下三个问题。

技能匹配不足：部分劳动力缺乏适应新兴产业和服务业的技能，导致劳动力供求不平衡。技能不匹配问题使得部分人员失业或只能从事低技能低薪的工作，影响其收入和生活质量。

地区失衡：一些地区劳动力需求不足，而其他地区则劳动力供给过剩。这一现象导致了部分地区人才外流，而其他地区则难以吸引到足够的劳动力。

劳动力流动限制：户籍制度等限制了劳动力在不同地区之间的流动，使得农民工等群体难以在城市获得公平的就业机会，同时也限制了城市居民在其他地区发展的可能性。

因此，为了更全面地评估中国的经济福利，仅依靠实际 GDP 是不够的。政策制定者和经济学家广泛使用一系列指标来衡量经济福利，以综合反映人民的生活质量、教育水平、健康状况和社会幸福感。

其中，人类发展指数（HDI）是一项综合性指标，除了考虑实际 GDP，还包括健康预期寿命、教育水平和生活水平等因素。此外，幸福指数也被用于衡量人们的主观幸福感受。通过这些指标的综合运用，从而更好地了解中国人民的整体经济福利情况。

综合考虑以上因素，劳动力市场结构性问题在中国的经济发展中需要得到重视。政府可以通过改善职业培训体系，推动技能人才的培养，加强地区间的合作与交流，以促进劳动力市场的均衡发展。此外，劳动力流动的便利化和户籍制度的改革也是有益的措施，有助于优化劳动力资源配置，提升整体经济福利水平。

在宏观经济学研究中，要充分认识到实际 GDP 仅是综合考量经济福利的一部分指标，在深入研究中要综合运用其他衡量指标，以促进经济发展与人民福祉的双赢局面，从而实现经济增长与社会进步的可持续平衡。

因此，最大限度地提高 GDP 并不总是能最大限度提高国民福利，产出的增加能否带动福利的增加应当具体问题具体分析。经济福利的实现可以通过政府政策和经济制度的调整来追求。例如，政府可以通过提供公共教育、医疗保健、社会保障等福利服务来改善人们的经济福利水平。此外，公平的收入分配政策和就业机会也可以提高社会的整体福利。

在了解上述所列的一系列被官方统计所忽略的重要因素之后，你可能会认为，GDP 作为经济福利的衡量指标用处不大。事实上，确实有很多的批判都表达了这种观点。在评价经济政策的效用时，只考虑对 GDP 的影响显然是不够的。政策制定者还必须考察政策对经济福利中未包括在 GDP 之内的那些方面的影响。例如，环境治理可能会降低钢铁的产量，从而降低 GDP 的值。但这一事实并不足以判断这种治理的优劣。评价这类政策的正确方法是应用成本—收益原理：对人们而言，治理所带来的空气清洁的收益是否大于因此造成的产出和就业减少的成本？如果答案是肯定的，那么这种治理就应该实施；否则，就应该取消。

尽管考虑某一政策对实际 GDP 的影响并不足以评价这项政策的好坏，但人均实际 GDP 确实与人们所重视的很多方面都保持着正相关性。一般而言，较高的人均实际 GDP 总是与较高的物质生活水平、较好的健康状况、较长的平均寿命、较高的受教育水平联系在一起。

第一，更高的人均实际 GDP 以及大量的产品与服务。显然，拥有较高 GDP 的国家的公民能够获得更多更好的产品与服务（这一点可以从 GDP 的定义中直接看出）。平均而言，在 GDP 较高的国家，人们可以拥有更宽敞舒适的住房，可以享受更优越的衣食条件，可以进行更多种类的娱乐项目，可以接受更多形式的文化熏陶，可以获得更便捷的运输与旅游，也可以享受更高质量的交通与卫生服务。

尽管社会评论家会对物质消费的价值进行质疑，我们也承认富裕不一定会带来生活的幸福与心灵的宁静，但世界上的大多数人都非常努力地去追求物质财富。纵观历史，人类经历了巨大的风险，付出了沉重的代价，其目的就是给自己和家人带来更高的生活水平。

第二，更高的 GDP 水平除了能带来大量的消费品之外，还有其他基本优势。富有国家与不发达国家在一些重要福利指标上存在差距，这些指标包括：平均寿命、婴幼儿死亡率、医生数量以及关于营养水平和受教育机会方面的其他指标。我们比较的对象是三类国家：（1）所有的发展中国家（总人口约 36 亿人）；（2）最不发达国家（共 50 个国家总人口大约 8.54 亿人）；（3）工业化国家（包括美国、加拿大、西欧各国和日本在内的共 24 个国家，总人口约 10 亿人）。如表 1.2 所示，这三类国家的人均 GDP 水平存在根本差异。最引人注意的一点是，工业化（发展水平很高）国家的人均 GDP 是最不发达（发展水平很低）国家的 14 多倍。

GDP 上的这种显著差异是否也会体现在其他福利指标上？根据联合国发布的《2019 年人类发展报告》数据，在某些最重要的基本福利指标上面，发展中国家的表现远远不如工业化国家。比如，发展水平很高国家的儿童，其受教育年限是发展水平很低国家的儿童的 1.8 倍（见表 1.2）。

表 1.2   GDP 与基本的福利指标

指标	发展水平很高	发展水平较高	发展水平较低	发展水平很低
2018 年人均 GDP（美元）	40019	14669	6279	2704
2018 年国家组的总人口（百万人）	1532.1	2857.7	2245.3	923.2
2018 年出生时的预期寿命（岁）	79.5	75.1	69.3	61.3
2017 年 5 岁以下儿童死亡率（％）	6.2	16.1	44.5	76.6
2018 年（儿童）预期受教育年限（年）	16.4	13.8	11.7	9.3

资料来源：United Nations, *Human Development Report* 2019, https://hdr.undp.org/content/human-development-report-2019.

1.4 我国的 GDP 增长

国家统计局公开的数据显示，我国的 GDP 增长可以大致分为三个阶段。第一个阶段是在 1978 年之前，我国的国内生产总值规模相对较小，并且经济增长缓慢。第二个阶段是从 1978 年到 2010 年，我国的国内生产总值经历了大幅增长，增速明显加快。在这期间，我国实施了一系列经济改革和开放政策，促进了经济的迅猛发展。第三个阶段是自 2010 年至今，中国的 GDP 总量超过了日本，成功跻身世界第二大经济体的位置。自那时起，我国的 GDP 快速增长，在 2022 年已经突破了 120 万亿元人民币的壮丽关口（见图 1.3），稳居世界第二的位置。这个阶段的发展表明了我国经济持续增长和不断壮大的趋势。

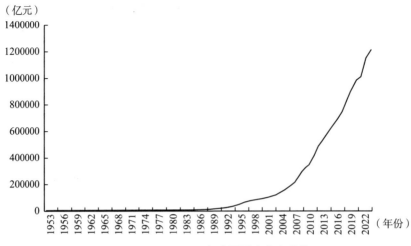

图 1.3　1953～2022 年我国国内生产总值

资料来源：国家统计局。

从支出法核算角度来看，经济增长是由消费、投资、政府采购以及净出口这四种需求的总和所驱动。尽管政府购买本质上也属于消费支出的范畴，但在经济增长因素的分析中，通常将个人消费支出与政府采购合并计算为最终消费支出。因此，在经济学中，我们常常将最终消费支出、资本形成总额和货物服务净出口这三者形象地比作拉动经济增长的"三驾马车"。

最终消费支出反映了消费需求，可以进一步细分为居民消费和政府消费两部分。资本形成总额则反映了投资需求，包括固定资本形成总额和存货增加。而货物和服务净出口则反映了外部需求，它指的是货物和服务的出口额与进口额之间的差值。

需要注意的是，这种支出法核算方式强调了不同需求因素对经济增长的贡献。个人消费支出和政府采购呈现出内部需求的特征，而投资和净出口则反映了外部需求和国际贸易的影响。通过综合考虑这些因素，我们可以更全面地分析和理解经济增长的驱动力量。

考察"三驾马车"的影响，通常关注以下两个方面。

一是消费和投资的比例关系。通常用最终消费率和资本形成率来衡量。其中，最终消费率（即消费率）是指最终消费支出占支出法国内生产总值的比重；资本形成率（即投资率）是指资本形成总额占支出法国内生产总值的比重。通过对图 1.4 的观察，我们可以看出我国从 1978 年至 2022 年间的消费率和投资率大致经历了三个阶段。首先是第一阶段，从 1978 年到 2000 年左右，最终消费率稳定在 60% 左右，而投资率维持在 40% 左右。在这一阶段中，最终消费支出在国内生产总值中所占的比重明显高于资本形成所占的比重。其次是第二阶段，从 2000 年到 2010 年左右，消费率呈下降趋势，而投资率则呈上升趋势。这段时间内，我国的最终消费支出比例逐渐降低，而资本形成所占比重逐渐增加。最后是第三阶段，从 2010 年以后至今，消费率呈上升趋势，而投资率则呈缓慢下降趋势。在这一阶段中，我国的最终消费支出比例逐渐增加，而资本形成所占比重则略有下降。

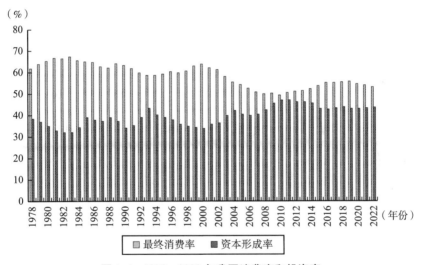

图 1.4　1978～2022 年我国消费率和投资率

资料来源：国家统计局。

我国的消费率和投资率在过去几十年中发生了明显的变化。这种变化反映了我国经济结构的调整和转型。未来，随着经济的发展和社会的进步，我们需要持续关注消费和投资之间的比例关系，进一步优化资本配置、促进经济稳定和可持续增长。

二是投资、消费、净出口对经济增长的影响。通常采用贡献率和拉动点数来分析"三驾马车"中某因素的增长对 GDP 增长的影响程度。

从图 1.5 可以清晰地看出，自 1978 年至 2022 年，经济增长主要受到四个阶段的影响。第一阶段是从 1978 年到 1985 年，此时消费对经济增长的贡献率迅速上升，投资对经济增长的贡献率则出现较大的波动，而净出口对经济增长的贡献率是负面的。第二阶段是从 1985 年到 1995 年，三个因素对 GDP 增长的贡献率都出现了明显波动。投资、消费和净出口的影响程度都有所变动。第三阶段是从 1995 年到 2009 年，投资对经济增长的贡献率呈波动上升的趋势，而消费对经济增长的贡献则相对稳定。与此同时，净出口对经济增长的贡献相对较小。第四阶段是从 2009 年到 2022 年，投资对经济增长的贡献率呈下降趋势，而消费对经济增长的贡献率则出现波动上升的趋势。这表明我国经济增长的模式正在从投资驱动型转变为消费驱动型。

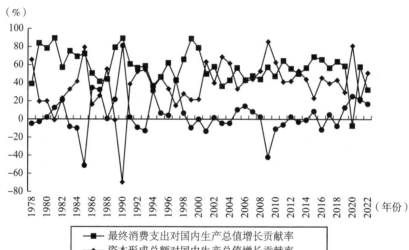

图 1.5　1978～2022 年"三驾马车"对 GDP 增长的贡献率

资料来源：国家统计局。

以上四个阶段的变化展示了"三驾马车"对我国经济增长的影响。需要注意的是，在这些阶段中，消费的贡献率变动较小，而投资和净出口的波动更加明显。从图 1.5 中我们可以看到，我国经济的增长正逐渐从消费拉动增长到消费和投资共同拉动增长转变。

　　面对纷繁复杂的国际形势以及突如其来的新冠疫情、世界经济深度衰退等多重严重冲击，以习近平同志为核心的党中央统筹中华民族伟大复兴战略全局和世界百年未有之大变局，团结带领全党全国各族人民砥砺奋进、攻坚克难，我国经济社会发展取得新的历史性成就，实现新的历史性跨越，世界经济大国地位全面提升，人均国民总收入实现新飞跃，人民生活水平跃上新台阶，综合国力跻身世界前列，国际影响力显著提升。但全球经济不确定性仍然存在，可能对中国出口和旅游业等领域产生影响。另外，中国也面临着结构性问题，如产业升级、环境保护和人口老龄化等，这些问题需要政府持续推进改革和创新，继续加强宏观调控，采取有针对性的措施，以促进经济的稳健增长，为中国经济的持续健康发展打下更坚实的基础，提高中国经济的整体竞争力和韧性。综合来看，2022 年中国经济在高效统筹疫情防控和经济社会发展方面取得了积极成效，GDP 增长持续扩大，发展质量稳步提高。

　　我国经济持续较快发展，经济增速大大高于世界平均水平，经济总量稳居世界第 2 位，制造大国地位日益巩固，贸易大国地位不断提升，经济实力显著增强。接下来，我们将根据国家统计局公开的多项数据，细数我国近十年经济方面的主要成绩。

　　如表 1.3 所示，2013～2021 年，我国经济年均增长 6.6%，大大高于 2.6% 的同期世界平均增速，也高于 3.7% 的发展中经济体平均增速，经济增长率居世界主要经济体前列。2020 年，面对新冠疫情严重冲击，我国经济增长 2.2%，是主要经济体中唯一保持正增长的国家。2013～2021 年，我国对世界经济增长的平均贡献率达到 38.6%，超过 G7 国家贡献率的总和，是推动世界经济增长的第一动力。

　　2012 年以来，我国国内生产总值（GDP）稳居世界第 2 位，占世界经济总量比重逐年上升。2021 年我国 GDP 达 17.7 万亿美元，占世界比重达到 18.5%，比 2012 年提高 7.2 个百分点。我国经济总量与美国的差距明显缩小，且远远高于日本等世界主要经济体。2021 年我国 GDP 相当于美国的 77.1%，比 2012 年提高 24.6 个百分点，是日本的 3.6 倍、印度的 5.6 倍。我国农业稳定增长，2012 年以来，谷物、肉类、花生和茶叶产量稳居世界第 1 位，油菜籽产量稳居第 2 位（见表 1.4）。我国主要工业产品产量稳步提高，继续稳居世界前列。其中粗钢、煤、发电量、水泥、化肥、汽车、微型计算机和手机等工业产品产量稳居世界第1位；2021年，我国原油产量居世界第5位，仅次于美国、俄罗斯、沙特阿拉伯和加拿大（见表1.5）。

表1.3　　　　世界主要国家经济增长率和对世界经济增长的贡献率　　　单位：%

国家	经济增长率			对世界经济增长的贡献率*		
	2013 年	2021 年	2013～2021 年平均增速	2013 年	2021 年	2013～2021 年平均贡献率
中国	7.8	8.1	6.6	35.7	24.9	38.6
美国	1.8	5.7	2.0	16.1	23.0	18.6
日本	2.0	1.6	0.4	4.4	1.5	0.9
德国	0.4	2.9	1.0	0.7	2.1	1.8
英国	1.9	7.4	1.4	2.7	4.5	2.1
印度	6.4	8.9	5.4	5.6	4.7	5.8
法国	0.6	7.0	0.9	0.7	3.5	1.1
意大利	−1.8	6.6	0.0	−1.8	2.4	0.0
加拿大	2.3	4.6	1.5	1.8	1.5	1.2
韩国	3.2	4.0	2.6	2.2	1.4	2.0

注：＊根据 2015 年为基期的国内生产总值计算。
资料来源：世界银行 WDI 数据库。

表1.4　　　　　　　　我国主要农产品产量居世界位次　　　　产量单位：万吨

农业产品	2012 年		2015 年		2018 年		2021 年	
	产量	位次	产量	位次	产量	位次	产量	位次
谷物	56659	1	61818	1	61004	1	63276	1
肉类	8471	1	8750	1	8625	1	8990	1
花生	1579	1	1596	1	1733	1	11831	1
油菜籽	1340	2	1386	2	1328	2	1471	2
茶叶	176	1	228	1	261	1	316	1

资料来源：国家统计局。

表1.5　　　　　　　　　　我国主要工业产品产量居世界位次

工业产品	2012 年		2015 年		2018 年		2021 年	
	产量	位次	产量	位次	产量	位次	产量	位次
粗钢（万吨）	72388	1	80383	1	92904	1	103524	1
原煤（万吨）	394513	1	374654	1	369774	1	412583	1
原油（万吨）	20748	4	21456	4	18932	6	19888	5
发电量（亿千瓦小时）	49876	1	58146	1	71661	1	85343	1
水泥（万吨）	220984	1	235919	1	223610	1	237811	1
农用化肥（万吨）	6832	1	7432	1	5404	1	5544	1
汽车（万辆）	1928	1	2450	1	2783	1	2653	1
手机（亿台）	11.8	1	18.1	1	18.0	1	16.6	1
微型计算机（亿台）	3.2	1	3.1	1	3.2	1	4.7	1

资料来源：国家统计局。

对外贸易总额跃居世界第一。2020 年我国对外贸易总额由 2012 年的 4.4 万亿美元升至 5.3 万亿美元，首超美国成为全球第一大贸易国。2021 年，我国对外贸易总额增至 6.9 万亿美元，继续保持世界第一。

货物贸易额占世界比重稳步提升。2021 年，我国货物贸易额由 2012 年的 3.9 万亿美元升至 6.1 万亿美元，占世界比重升至 13.5%，较 2012 年提升 3.1 个百分点（见表 1.6）。2013 年，我国货物贸易额首超美国，居世界第 1 位。自此以后，除 2016 年由于美元升值，我国以美元计价的货物进出口总额被美国超过外，其余年份均稳居世界第 1 位。

对外服务贸易规模持续扩大。2012 年以来，我国对外服务贸易额逐年增长。2012 年我国对外服务贸易总额居世界第 4 位，自 2014 年起至 2021 年一直稳居世界第 2 位。2021 年，我国对外服务贸易总额达 8212 亿美元，占世界比重升至 7.2%，较 2012 年提升 1.8 个百分点。

现代交通和通信设施全球领先。2021 年末，我国累计建成并开通 5G 基站 142.5 万个，已建成全球最大 5G 网，5G 基站总量占全球比重达 60% 以上，5G 终端连接数占全球比重超 80%，均居全球首位；高铁营业里程达 4 万公里，较 2012 年增长 3.3 倍，已建成世界上最发达的高铁网，居世界首位；高速公路运行里程达 16.9 万公里，较 2012 年增长 0.8 倍，居世界首位。

表1.6   货物进出口总额居世界前十位国家（地区）比较

金额单位：亿美元

位次	2012 年			2020 年			2021 年		
	国家或地区	货物进出口总额	占世界比重（%）	国家或地区	货物进出口总额	占世界比重（%）	国家或地区	货物进出口总额	占世界比重（%）
	世界	371760		世界	355172		世界	448026	
1	美国	38822	10.4	中国	46559	13.1	中国	60515	13.5
2	中国	38671	10.4	美国	38319	10.8	美国	46917	10.5
3	德国	25560	6.9	德国	25543	7.2	德国	30512	6.8
4	日本	16844	4.5	日本	12768	3.6	荷兰	15931	3.6
5	法国	12431	3.3	荷兰	12697	3.6	日本	15250	3.4
6	荷兰	12423	3.3	中国香港	11185	3.1	中国香港	13823	3.1
7	英国	11816	3.2	法国	10699	3.0	法国	12993	2.9
8	韩国	10675	2.9	英国	10378	2.9	韩国	12595	2.8
9	中国香港	10464	2.8	韩国	9801	2.8	英国	11625	2.6
10	意大利	9899	2.7	意大利	9267	2.6	意大利	11607	2.6

资料来源：中国数据来自中国海关总署，其他数据来自世界贸易组织数据库。

数字化信息化建设实现跨越式发展。2021 年，我国固定宽带用户数由 2012 年的 1.8 亿户增至 5.4 亿户，年均增长 13.2%，稳居世界第 1 位；移动电话用户数由 2012 年的 11.1 亿户增至 16.4 亿户，年均增长 4.4%，稳居世界第 1 位；我国互联网普及率达 73%，较 2012 年提高 30.9 个百分点。

我国人民生活水平大幅提高，人均国民总收入居世界位次大幅跃升，主要民生指标优于中等偏上收入国家平均水平，2021 年，我国人均国民总收入（GNI）达 11890 美元，较 2012 年增长 1 倍（见表 1.7）。在世界银行公布的人均 GNI 排名中，我国人均 GNI 由 2012 年的第 112 位上升到 2021 年的第 68 位，提升了 44 位。按我国现行农村贫困标准（按 2010 年价格水平每人每年生活水平在 2300 元以下）测算，2012 年全国农村贫困人口为 9899 万人，2020 年实现全部脱贫，平均每年减少 1237 万贫困人口；贫困发生率由 2012 年的 10.2% 下降至 2020 年的 0，平均每年下降约 1.3 个百分点，提前 10 年实现《联合国 2030 年可持续发展议程》减贫目标，为世界减贫事业作出巨大贡献。

表1.7 世界各收入组及主要国家人均国民总收入 单位：美元

国家或地区	2012 年	2019 年	2020 年	2021 年
世界	10540	`11577	11099	12070
高收入国家	42002	45605	43855	47904
中等收入国家	4501	5535	5334	5845
中等偏上收入国家	7570	9636	9399	10363
中等偏下收入国家	2059	2428	2281	2485
低收入国家	782	719	689	722
中国	5910	10310	10530	11890
美国	52790	65970	64140	70430
日本	50060	42010	40810	42620
德国	46560	49190	47520	51040
英国	41940	43460	39970	45380
法国	43410	42550	39500	43880
意大利	36220	34940	32380	35710
俄罗斯	13490	11280	10740	11600
巴西	12300	9220	7800	7720

资料来源：世界银行 WDI 数据库。

2021 年，我国创新指数居全球第 12 位，比 2012 年上升 22 位，在中等收入国家中排名首位（见表 1.8）。从分项指数看，2021 年创新投入指数和创新产出指数分别居全球第 25 位和第 7 位，比 2012 年提高 30 位和 12 位。就各支柱指标看，创意产出、市场成熟度、人力资本与研究、基础设施和制度指标在 2021 年全球排名分别为第 14 位、16 位、21 位、24 位和 61 位，比 2012 年上升 42 位、19 位、63 位、15 位和 60 位。此外，2019 年我国国际竞争力在 141 个国家和地区中排名第 28 位，领先多数中等收入国家。

2012 年以来，世界 500 强上榜的中国企业数量持续增长，并在 2018 年首次超越美国，连续 4 年居世界首位。2021 年，我国上榜企业数量再创新高，达 145 家，比 2012 年增加 50 家，实现了上榜企业数量连续 19 年增长。2021 年，我国上榜企业营业额占全部 500 强企业的 30.6%，比 2012 年提高 13.3 个百分点。

表 1.8　　　　　全球创新指数居世界前十位及金砖国家比较

国家	2012 年		2021 年	
	位次	总指数	位次	总指数
瑞士	1	68.2	1	65.5
瑞典	2	64.8	2	63.1
美国	10	57.7	3	61.3
英国	5	61.2	4	59.8
韩国	21	53.9	5	59.3
荷兰	6	60.5	6	58.6
芬兰	4	61.8	7	58.4
新加坡	3	63.5	8	57.8
丹麦	7	59.9	9	57.3
德国	15	56.2	10	57.3
中国	34	45.4	12	54.8
巴西	58	36.6	57	34.2
俄罗斯	51	37.9	45	36.6
印度	64	35.7	46	36.4
南非	54	37.4	61	32.7

资料来源：世界知识产权组织发布的《全球创新指数》。

 小结

经济活动总量是一个国家经济健康状况的重要指标，它反映了国内经济中商品和服务的总量。通过 GDP，我们可以了解国家的经济规模、增长率以及经济结构。与此同时，GDP 也提供了一个综合的视角，使我们能够研究各种经济现象和现象之间的关系。GDP 的计算方法通常基于国民账户的原理，通过统计所有在一定时间范围内生产的商品和提供的服务的市场价值，来衡量经济活动的总量。同时，GDP 的计算还考虑了国家内外贸易的影响，以确保该指标能够全面反映一个国家的经济状况。然而，作为一项复杂的指标，GDP 的计算和解读也存在一些局限性。因此，在学习和分析 GDP 时，我们需要注意到 GDP 并不完全反映一个国家全面的经济状况。例如，GDP 无法捕捉到非市场活动、环境影响、社会福利等方面，这可能导致我们对经济状况的全面理解存在偏差。

尽管如此，GDP 仍然是宏观经济学中最重要的指标之一。它不仅被用于监测和比较不同国家的经济状况，还指导了宏观经济政策的制定和实施。因此，本章深入探讨 GDP 的概念、计算方法和应用，从而帮助我们更好地理解经济活动总量的重要性和影响。通过深入了解 GDP，我们将能够更好地理解宏观经济学中经济增长、就业、通货膨胀等方面的核心原理和政策。在接下来的章节中，我们将探讨 GDP 的构成、测量方法以及 GDP 与其他经济指标之间的关系。

总需求关注的是整体的消费、投资、政府采购和净出口，而总供应关注的是整体的产出和就业水平。经济政策制定者通过调控总需求和总供应之间的平衡，以实现经济稳定和增长的目标。宏观经济学的研究结果对政府决策和实际经济活动具有重要影响。例如，货币政策制定者可以利用宏观经济学的理论和模型预测通货膨胀水平，调整利率以控制经济活动。政府财政政策的制定也需要宏观经济学的指导，以促进经济增长、减少失业和改善财政状况。

宏观经济学就像是一把放大镜，帮助我们观察和理解整个经济的大局。它将我们从微观角度上的单个个体行为，提升到宏观层面上对整个经济的关注和分析。通过学习宏观经济学，你将能够更好地理解经济的运行规律以及宏观经济政策对我们日常生活的影响。

**延伸阅读**

绿色 GDP：中国在环境治理中的探索与实践

实际 GDP 与经济福利并不等价，前者代表了实际的经济增长，而后者反映了人们在经济活动中所获得的利益、满足和健康状况。随着中国持续高速的经济增长，环境问题逐渐成为严峻挑战。虽然实际GDP的增长为中国带来了经济繁荣，但这种增长也伴随着大规模的环境污染和资源短缺，直接影响了人们的生活质量和健康状况，传统以GDP为核心的经济衡量标准已经无法全面反映中国的经济状况和福祉水平。

为了更全面地衡量经济增长的可持续性，绿色GDP的概念应运而生。绿色GDP是指一个国家或地区在考虑了自然资源与环境因素影响之后经济活动的最终成果。具体来说，绿色GDP将经济活动中所付出的资源耗减成本（包括耕地资源、矿物资源、森林资源、水资源、渔业资源）和环境退化成本（包括环境污染和生态破坏）从GDP中予以扣除，代表了国民经济增长的净正效应。绿色GDP占GDP的比重越高，表明国民经济增长的正面效应越高，反之则相反。

中国政府早在21世纪初就启动了绿色GDP的研究工作。2004年，国家环保总局和国家统计局联合开展绿色GDP核算的研究。2005年，北京、天津、河北、辽宁等10个省区市启动了以环境污染经济损失调查为内容的绿色GDP试点工作。2006年9月，国家环保总局和国家统计局联合发布了《中国绿色国民经济核算研究报告2004》。报告认为，2004年因环境污染造成的经济损失为5118亿元，占当年GDP的3.05%。作为我国第一份经环境污染损失调整的GDP核算研究报告，它标志着中国的绿色国民经济核算研究取得了阶段性成果。此后直到2015年，为加快推进生态文明建设，环境保护部召开建立绿色GDP 2.0核算体系专题会，重新启动了绿色GDP的研究工作。

绿色GDP研究是一项前沿性、创新性的研究项目。虽然相关研究力度在加大，但研究成果的发布却相对缓慢，这是因为在核算过程中存在着很多技术性困难。首先，绿色GDP核算的关键在于核算资源消耗成本和环境退化成本，但由于环境资源可能不存在有效的交易市场，没有明确的市场价格，这会降低绿色GDP核算的可操作性。其次，核算资源消耗成本和环境退化成本会涉及环境生态学、化学、统计学、经济学等多种学科，在绿色GDP核算的过程中可能面临着数据资源不足的问题。此外，绿色GDP核算通常不能完整包含所有的资源消耗成本和环境退化成本，例如室内空气污染造成的损失，臭氧对人体健康造成的损害，辐射、噪声和光热污染所造成的经济损失，等等均没有计入。

基于以上几个方面的难点，编者认为，尽管中国的绿色 GDP 研究已经取得了一定的进展，但仍需在技术、数据和政策等方面不断深化和完善。在未来的研究和实践中，应进一步加强对绿色 GDP 核算方法的研究，提高核算的准确性和可操作性。同时，政府和社会各界也应加强合作，推动绿色产业的发展，提高资源利用效率，减少环境污染，以实现经济、社会和环境的协调发展。

值得注意的是，可持续发展是一个多维度的概念，包括经济、社会和环境三方面的可持续发展。我们在追求经济增长和发展时，必须考虑环境保护和社会福利，以实现人类的长期繁荣和福祉。但绿色 GDP 仅仅在经济增长的基础上考虑了环境保护，并不能充分反映经济与社会、环境与社会之间的相互影响。因此我们在期待绿色 GDP 的同时，还要看到它能够做什么，不能够做什么，以及如何在适用范围内正确地使用它。一种比较理想化的状态是，绿色 GDP 在未来可以成为转变政府职能和环境监督体制建设进程中，一个值得期待的新环节与新动力，推动中国经济向更加绿色、低碳、循环的方向发展。

第2章

价格水平测度与数据

在现代经济中，价格是市场交易的核心，对于消费者和生产者来说，了解和预测价格水平的变动至关重要。价格水平的测度和数据对于理解经济状况、分析通货膨胀和通货紧缩以及指导货币政策都具有重要意义。通过准确测量价格水平的变动，我们可以了解市场中货物和服务的相对价值，评估这些变动对经济体的影响，并为政策制定者提供重要参考信息。

"通货膨胀"这个词往往引发人们的担忧和焦虑，因为它意味着物价上涨、货币贬值的可能性。然而，通货膨胀并非简单的价格上涨，而是涉及广泛的经济和货币现象。它与产出、需求、货币政策以及全球经济环境等诸多因素相互作用，使我们对整体经济的理解变得更加复杂。通货膨胀对经济体的影响是多方面的。它可能削弱消费者的购买力，导致压力上升；也可能对企业的经营策略和发展计划产生重大影响；更重要的是，通货膨胀对社会公平和经济稳定都带来挑战。

因此，我们需要深入研究通货膨胀的机制和原因，以制定有效的经济政策来管理它。了解通货膨胀的驱动力、测量方法以及影响因素的复杂互动有助于我们把握其变化趋势，并为未来做出更明智的决策。本章中，我们将探讨通货膨胀的定义及其测量，梳理主要的通货膨胀理论解释，分析通货膨胀与经济增长、就业和财富分配之间的关系。

2.1 消费者价格指数

当我们考虑到日常生活中经济的方方面面时，其中一个重要因素就是物价的变化。整体物价水平持续上涨的现象导致通货膨胀，每单位货币购买力下降。通货膨胀的影响可以体现在消费者和企业的购买力、储蓄和投资决策、经济政策制定等方面。

为了测度通货膨胀水平，经济学家使用一系列指标和指数来衡量价格的变动，主要采取三个衡量指标：消费者价格指数（Consumer Price Index，CPI）、生产者价格指数（Producer Price Index，PPI）、GDP 平减指数（GDP Deflator）。

消费者物价指数是衡量一篮子消费品和服务的价格变动的指数，代表了消费者面临的一般物价水平。CPI 通过跟踪一篮子代表性消费品和服务的价格变化，反映了一段时间内消费者所支付的平均价格水平的变动情况。这一篮子商品和服务的构成通常代表了一般消费者的购买行为，包括食品、住房、交通、教育、医疗保健等多个领域。CPI 是一个反映居民家庭一般所购买的消费品和服务项目价格水平变动情况的宏观经济指标。它是在特定时段内度量一组代表性消费商品及服务项目的价格水平随时间而变动的相对数，是用来反映居民家庭购买消费商品及服务的价格水平的变动情况。

物价的涨跌是市场经济中的家常便饭，当预期向好，人们沉浸在乐观情绪中，当预期恶化，经济进入下行轨道。CPI 就在这经济周期中起起伏伏，它是经济状况"表情"的忠实记录者。CPI 的影响上达宏观经济，是政府决策者的关注对象，下及微观个体，与老百姓的生活息息相关。CPI 在经济中拥有着广泛的联系，了解了 CPI，把握好了它的动向，就掌握了经济的脉搏。

居民消费价格统计调查的是社会产品和服务项目的最终价格，同人民群众的生活密切相关，同时在整个国民经济价格体系中也具有重要的地位。它是进行经济分析和决策、价格总水平监测和调控及国民经济核算的重要指标。其变动率在一定程度上反映了通货膨胀或紧缩的程度。一般来讲，物价全面地、持续地上涨就被认为发生了通货膨胀。

CPI 的计算是通过将当前时期的物价与基准时期的物价进行比较，以确定价格的相对变动。基准时期通常被设定为 100，而 CPI 值则反映了物价相对于基准时期的变化幅度。例如，如果 CPI 为 120，意味着相对于基准时期，物价上涨了 20%。计算 CPI 的方法包括两个主要步骤：篮子的构建和价格指数的计算。首先，为了构建 CPI 的篮子，需要选择一组代表性的商品和服务，这些商品和服务代表了消费者支出的不同类别。其次，收集这些商品和服务的价格数据，并计算相对于基准期的价格变化。基于不同商品和服务的权重，可以计算出加权平均的价格指数，以反映整体价格水平的变化。

假设有三种商品和它们各自的初始价格以及一段时间后的价格变动，具体如表 2.1 所示。

表 2.1　　　　　　　　　　　　三种商品价格　　　　　　　　　　单位：元

项目	苹果	牛奶	面包
5 月份价格	2	3	1.5
6 月份价格	3	3.5	1.75

首先，我们需要确定每种商品的初始权重，即每种商品在消费者支出中的比重。假设初始权重为苹果 40%，牛奶 30%，面包 30%。我们将初始价格和价格变动应用到权重中，苹果的权重：40% ×2 =0.80，牛奶的权重：30% ×3 =0.90，面包的权重：30% ×1.50 =0.45。下面我们计算加权平均数，将每种商品的权重与其价格变动后的价格相乘，并将其加总。

加权平均数 =（苹果的权重×苹果价格变动后的价格）+（牛奶的权重
　　　　　　×牛奶的价格变动后的价格）+（面包的权重
　　　　　　×面包的价格变动后的价格）

= (0.80 ×3) + (0.90 ×3.50) + (0.45 ×1.75)

= 2.40 + 3.15 + 0.79

= 6.34

我们将当前的 CPI 计算结果与基期（通常是过去某个年度）的 CPI 进行比较，以得出通货膨胀的百分比。

这只是一个简化的计算 CPI 的示例。实际上，CPI 的计算过程更加复杂，并且包含更多的商品和服务。同时，CPI 的权重和商品篮子的构成也会根据地区和时间的变化而有所调整。然而，这个例子可以帮助我们理解 CPI 的基本计算原理和过程。

需要注意的是，CPI 存在一些局限性。例如，由于 CPI 基于一篮子商品和服务的平均价格，它可能无法准确反映不同消费群体和地区的实际物价情况。此外，CPI 也无法捕捉到商品质量的变化以及新产品的引入等因素。

生产者物价指数（PPI）是衡量生产者所面临的原材料、半成品和最终产品价格变动的指数。PPI 可以用于观察出厂价格变动对工业总产值及增加值的影响。中国工业生产者出厂价格统计调查涵盖根据《国民经济行业分类》标准分类的 1638 个基本分类的 20000 多种工业产品的价格。工业生产者价格调查采取重点调查与典型调查相结合的方法：对年主营业务收入在 2000 万元以上的企业采用重点调查方法；对年主营业务收入在 2000 万元以下的企业采用典型调查方法。

PPI 的测度可以帮助我们了解生产过程中价格的变化情况，为经济活动提供线索。生产者物价指数的计算基于一篮子代表性商品和服务的价格变动。这些商品和服务通常包括原材料、中间产品以及最终产品，涵盖了多个行业和部门的价格变化。计算 PPI 的过程中，经济统计机构会采集大量的价格数据，并根据各商品和服务在经济中的权重，计算出综合指数。

通过观察生产者物价指数的变化，我们可以获得关于生产领域价格变动的重要信息。PPI 的变化可以反映生产成本的上升或下降，对物价通胀的影响，以及供求关系的变化。生产者物价指数通常被用来预测消费者物价指数（CPI）的走势，并为货币政策制定者和经济决策者提供重要参考。生产者物价指数不仅反映了生产者的成本压力，也对企业利润、竞争力以及市场供求状况产生影响。当生产者物价指数上升时，企业的生产成本可能上升，从而可能会影响到企业的盈利能力；而当生产者物价指数下降时，企业的生产成本可能降低，对企业盈利能力产生积极影响。

需要指出的是，生产者物价指数是一个相对专业的经济指标，对于一般消费者来说，CPI 可能更为常见和直观。然而，了解生产者物价指数对理解经济运行和市场状况仍然非常重要。

GDP 平减指数是通过比较一个国家的实际 GDP 与名义 GDP 之间的差异来衡量通货膨胀水平的指数。GDP 平减指数反映了所有最终产品和服务的价格变动，因此它被视为表征整体经济通货膨胀水平的指标。它的计算基础比消费者价格指数更广泛，涉及全部商品和服务，除消费外，还包括生产资料和资本、进出口商品和劳务等。因此，这一指数能够更加准确地反映一般物价水平走向，是对价格水平的宏观测量。

GDP 平减指数基于一定的基期，通常设定为 100，用来衡量某一时期内的价格水平相对于基期的变动情况。它综合考虑了不同产品和服务的价格变化，包括消费品、投资品、政府采购和净出口等。通过计算 GDP 平减指数，我们可以了解经济中商品和服务的整体价格水平的变化趋势。

GDP 平减指数的计算方法是将基期的 GDP 除以基期的价格指数，然后再乘以当前时期的价格指数，其具体公式如下：$GDP 平减指数 = \dfrac{名义 GDP}{实际 GDP} \times 100\%$。这样，我们可以得到一个调整后的实际 GDP，即实际购买力。

GDP 平减指数的变动反映了通货膨胀或通货紧缩的影响。如果 GDP 平减指数上升，意味着价格水平上涨，通常被视为通货膨胀；相反，如果 GDP 平减指数下降，表示价格水平下降，通常被称为通货紧缩。GDP 平减指数在宏观经济学中的应用广泛。政府、企业和投资者可以利用该指数来评估经济的通胀风险、制定货币政策、调整价格和工资等。此外，GDP 平减指数还用于国际比较，帮助分析国家间的经济实力和竞争力。

什么是核心通货膨胀？

2010 年 3 月 18 日《纽约时报》上的一篇文章开篇写道："美国劳工部宣布，上个月价格水平整体没有变动，但是扣除波动较大的食品和汽油的成本之后，消费者价格指数所度量的成本上升了 0.1%。"在度量通货膨胀时为什么要扣除食品和汽油的成本？食品和汽油这两样东西是家庭购买中至关重要的物品，这么做岂不是会影响通货膨胀的度量？我们将通货膨胀定义为度量长期内平均价格水平的变化速率的指标。在一个月左右的期间，这一比率有可能剧烈波动，从而很难将短期的价格变动从通货膨胀率的长期趋势中剥离出来。核心通货膨胀的定义是除食品和汽油以外的所有价格的增长率。食品和汽油是通货膨胀率短期波动的两个最主要的动因。因为核心通货膨胀将最不稳定的价格变动因素排除在外，因此可以将其视为短期内度量通货膨胀走势的一个有用的指标。

2.2　通货膨胀

通货膨胀指的是一种持续的、一般物价水平上升的现象。在这种情况下，相同数量的货币购买力降低，导致商品和服务的价格普遍上涨。通货膨胀可以通过消费者价格指数（CPI）等指标来衡量。通货膨胀率是衡量通货膨胀水平的指标，它表示一段时间内物价水平的增长百分比。

通货膨胀主要可以根据其引起的原因和程度进行分类。按照价格上升速度的不同，通货膨胀可分为三种类型。第一种是温和的通货膨胀，指每年价格上升的比例在10%以内。目前，世界各国都存在这样温和的通货膨胀，因为价格这种缓慢而逐步的上升在一定程度上对经济和收入的增长有积极的刺激作用。第二种是奔腾式通货膨胀，指每年通货膨胀率在10%以上和100%以内。此时，货币流通速度提高而货币购买力下降。当奔腾式通货膨胀发生以后，由于价格上涨幅度较大，速度较快，公众预期价格还会进一步上涨，进而采取各种措施来保护自己的财产，以免受到通货膨胀之害，这使得通货膨胀更为严重。第三种是超级通货膨胀，指通货膨胀率在100%以上。这种通货膨胀一旦产生，价格将持续猛涨，人们会尽快脱手持有的货币，从而大大加快货币流通速度，导致货币失去信用，货币购买力猛降。此时，各种正常的经济联系遭到破坏，致使货币体系和价格体系完全崩溃。在更严重的情况下，还会出现社会动乱。

按照对不同商品价格影响的大小，通货膨胀可分为平衡的通货膨胀与非平衡的通货膨胀。平衡的通货膨胀，指每种商品的价格都按相同比例上升。这里所说的商品价格包括各种生产要素的价格，如租金、利率、工资率等。非平衡的通货膨胀，指各种商品价格上升的比例并不完全相同。

按照人们的预期，通货膨胀可分为未预期到的通货膨胀以及预期到的通货膨胀。未预期到的通货膨胀指价格上升的速度超出人们的预料，或者人们根本没有想到价格会上升。预期到的通货膨胀指物价水平会按照某一比例年复一年地持续增长。这使得劳动者要求的工资、企业要求的利率都会以相同的速度上升。预期到的通货膨胀具有自我维持的特点，与物理学中运动中物体的惯性非常类似。因此，其又被称为惯性的通货膨胀。

通货膨胀的原因可以归结为以下几个方面。

（1）需求拉动型通货膨胀，其核心是需求过多可能导致通货膨胀。当个人和企业的需求增加，消费和投资活动的增加会导致供不应求的局面。供应商将会提高产品的价格，从而推动通货膨胀。

需求拉动型通货膨胀的最基本原理是，当经济中的总需求超过了产品和服务的供应能力时，就会出现价格上涨的压力。这种情况下，人们的购买力增强，导致商品和服务的需求增加，但供应量没有相应增长，从而推动价格上涨。

需求拉动型通货膨胀通常与下面几个因素相关。首先政府支出增加。当政府通过增加支出来刺激经济增长时，会提高总需求。例如，政府加大基础设施投资、增加社会福利支出等都会增加市场上的总需求。其次投资增加。当企业增加投资，扩大生产规模时，这也会增加总需求。企业的投资活动会刺激产业的发展，并带动相关产业的需求增加。最后消费支出增加。当个人和家庭的消费支出增加时，也会增加总需求。这可能是因为人们的收入增加、信贷条件宽松、预期收入增长等因素导致个人和家庭更加愿意消费。

需要指出的是，需求拉动型通货膨胀不可持续。一旦总需求超过供应能力，会导致物价上涨，从而减少人们的实际购买力，进而抑制需求增长。此时，经济可能进入一个调整期，供应和需求重新平衡。为了控制需求拉动型通货膨胀，政府和央行可以采取一系列措施。例如，提高利率以抑制消费和投资支出，调整财政政策来控制总需求增长，实施紧缩性货币政策等。

（2）成本拉动型通货膨胀，由于生产成本的上升而导致整体物价水平上涨的一种通货膨胀形式。这种通货膨胀通常源于生产要素的成本上升，例如劳动力、原材料和能源等。当这些成本上升被企业转嫁给最终产品的价格时，整个经济体的物价水平也会相应上涨。

成本拉动型通货膨胀通常是一个由供给端出发的过程。当生产要素的成本上升，企业面临着更高的成本压力。为了维持利润率，企业往往会选择提高产品的售价。当这种成本上升传递到最终消费品市场时，物价会上涨，从而导致通货膨胀。

成本拉动型通货膨胀可以通过几种因素引发。其中，劳动力成本是一个重要的因素。当工资水平上涨，生产成本也会随之上升。另外，原材料和能源价格的上涨也可能导致成本拉动型通货膨胀。这些因素的综合影响可以使企业的生产成本增加，从而推动物价上涨。政府政策也可能对成本拉动型通货膨胀产生影响。例如，税收政策的变化、货币政策的松紧以及政府的监管措施等都可能对生产成本产生直接或间接的影响，进而影响物价水平。

应对成本拉动型通货膨胀需要综合考虑多个因素。政府可以通过适当调整税收政策和货币政策来影响经济体的成本水平。此外，加强监管措施和市场竞争政策也有助于控制成本上升的速度。另外，通过提高生产效率和创新能力，企业也可以在一定程度上缓解成本上涨的压力。它强调供给端的影响，需要综合考虑政府政策、企业行为和市场竞争等多个方面来应对和控制。

（3）在没有需求拉动和成本推动的情况下，只是由于经济结构因素的变动，也会出现一般价格水平的持续上涨，即结构型通货膨胀。

结构型通货膨胀理论把通货膨胀的起因归结为经济结构本身具有的特点。社会经济结构主要包括三个方面的特点：从生产效率提升的速度看，一些部门生产率提升的速度快，另一些部门生产率提升的速度慢；从经济发展的过程看，一些部门正处在加速发展阶段，另一些部门正处在渐趋衰落阶段；从与世界市场的关系看，一些部门与世界市场的开放关系非常密切，另一些部门与世界市场的开放没有紧密的关系。一方面，生产要素通常不会从生产率低、逐渐衰落以及非开放部门转移到生产率高、加速发展和开放部门中去。但另一方面，生产率提高慢、正在趋向衰落以及非开放部门在工资和价格问题上都要求公平，结果导致一般价格水平的上涨。

假设两个部门的结构型通货膨胀是由生产率提升速度不同所引起的。理论上生产率提升的速度与工资增长的速度成正比。但是，生产率提升慢的部门要求工资增长速度与生产率提升快的部门一致，结果使得全社会范围内的工资增长速度超过生产率的增长速度，因而引起通货膨胀。

案例：CPI 对各行业有什么影响？

1. CPI 与互联网行业

互联网从业者反馈，尽管互联网行业本身并不直接决定 CPI 的变动，但它可以在一定程度上受到 CPI 的影响，并对 CPI 产生一些影响。主要有以下四个方面。一是价格竞争。互联网行业的特点之一是价格透明度高和竞争激烈。随着互联网技术的发展和电子商务的兴起，消费者可以更方便地比较产品和服务的价格，并选择最具竞争力的供应商。这种价格透明度和竞争性可能会促使企业在一定程度上降低产品和服务的价格，从而对 CPI 产生一定的影响。二是电子商务的兴起。互联网的普及和电子商务的兴起改变了传统的购物方式。越来越多的消费者选择在线购物，这带来了更多的选择和便利。在线购物通常可以提供更多的优惠和促销活动，这可能对传统零售业产生竞争压力，导致物价下降。因此，互联网行业的发展可能在一定程度上对 CPI 产生影响。三是供应链效率提升。互联网技术的应用可以改善供应链管理，提高物流效率和库存管理，从而降低成本。这可能使得生产者和供应商能够提供更具竞争力的价格，从而对 CPI 产生影响。四是互联网服务的消费。随着互联网行业的发展，人们越来越依赖互联网服务，如在线娱乐、流媒体服务、在线教育等。这些互联网服务的价格变动可能对

CPI 产生影响。例如，随着流媒体服务的普及，传统电视的订阅人数可能下降，价格也可能受到压力，从而影响 CPI 中与通信和娱乐相关的部分。

互联网行业对 CPI 的影响是复杂而多样的，它通过以上几个方面对 CPI 产生一定的影响。CPI 的变动也会影响互联网行业，如消费者的购买力和消费行为可能受到影响。因此，互联网行业和 CPI 之间存在相互影响的关系。

2. CPI 与化妆品行业

化妆品行业从业者反馈，从产品收入来看，其增速收窄，增长逐步恢复。以华熙生物为代表，功能性护肤品业务方面，据华熙生物 2022 年年报显示，当年实现收入 46.07 亿元，同比增长 38.80%，占公司主营业务收入的 72.45%，毛利率为 78.37%。

据华熙生物 2022 年年报援引国家统计局数据，2022 年全年社会消费品零售总额为 43.97 万亿元，同比下降 0.2%，其中限额以上单位化妆品类商品零售额为 3936 亿元，同比下降 4.5%。对此，华熙生物在 2022 年财报中提到，报告期内，在国内化妆品行业零售额整体下滑的背景下，各品牌收入实现持续增长的目标。

这标志着公司多品牌运营能力得到验证，多品牌矩阵步入成熟阶段，并向国民品牌迈进。随着中国经济的发展，中国中等收入群体规模约为 4 亿人，占比约为 30%。中等收入群体的快速增长不仅促进消费需求增长，还推动了消费升级，花费在文化娱乐、家居家电、汽车、旅游、美妆护肤、运动健身和教育等消费领域的支出占比较高。

数据表明，价格绝对是影响消费者购买行为的主要因素，而且这一因素的重要性在 2022 年第四季度至 2023 年第一季度之间显著提高。因为世界各地的消费者都感受到了通货膨胀上升的压力，所以相对物美价廉的产品成为消费者的首选。

如果想要与那些对价格相对敏感的受众建立联系，品牌应优先考虑提高服务的便利性和产品的创新程度，展示品牌价值。但是，新冠疫情等全球性事件和不断变化的经济形式因素导致消费者心态不断变化。

2.3 基于通货膨胀的调整

通货膨胀作为宏观经济学中重要的价格变动现象，对于中国这样的大型经济体具有重要的影响。在价格水平测度与数据中，基于通货膨胀的调整是必要的，以准确反映物价变动对经济指标的影响。

在宏观经济学中，测量经济指标时，区分名义数据和实际数据是非常重要的，尤其在考虑通货膨胀对经济影响时，这一区分显得尤为关键。在中国这样一个经济增长较快、通货膨胀压力较大的国家，准确把握名义数据和实际数据的差异，有助于更真实地反映经济的实际变动情况。

名义数据是指未经通货膨胀调整的原始数据，即直接从经济指标中获取的数值。例如，国内生产总值（GDP）、消费者价格指数（CPI）、工业生产指数等，都属于名义数据。在某一时期内，名义数据可以准确地反映出物价的绝对水平和经济活动的总量，但无法反映物价上涨对实际经济价值的影响。

实际数据是指经过通货膨胀调整后的数据，即将名义数据根据通货膨胀率进行修正后得到的数值。通货膨胀率通常使用消费者价格指数（CPI）来衡量，CPI反映了一篮子消费品和服务的价格变动情况。通过将名义数据与相应时期的CPI进行比较和调整，我们可以得到实际数据。实际数据能够更准确地衡量经济指标的变动，剔除了通货膨胀带来的影响，反映出物价调整后的真实经济价值。

在宏观经济学中，通货膨胀率是一个重要的经济指标，用于衡量物价水平上涨的幅度。在中国，通货膨胀率的计算通常使用居民消费价格指数（CPI），它是衡量一篮子消费品和服务价格变动的主要指标，对于政府、央行、投资者和企业来说都具有重要的参考价值。了解和解读通货膨胀率对于制定货币政策、评估经济表现以及预测物价走势至关重要。CPI是个十分有用的工具。它不仅能够用于衡量生活费用的变化，还可以用于调整经济数据以消除通货膨胀的影响。本节我们将会看到，CPI 是如何将用当期货币价值衡量的量转变为实际量的，经济学家把它称为减缩化过程。我们还会看到，CPI 也可以逆转这一过程，将实际量转变为用当期货币价值衡量的量，这被经济学家称为指数化过程。这两个过程不仅对经济学家有重要意义，对于所有希望对支出、账目或者其他经济数据进行调整以消除通货膨胀影响的人来说，也是值得运用的方法。

CPI 的一个重要作用是对名义量，即用当期货币价值衡量的量，进行基于通货膨胀的调整。为了说明这一点，假设已知居住在大都市的某普通家庭 2018 年的收入为 10 万元，2022 年的收入为 12 万元。这是否意味着 2022 年他们的经济境况比 2018 年好？

如果没有更进一步的信息，我们可能会对这个问题给予肯定的答复。毕竟，在这 5 年的时间里，他们的收入提高了 20%。不过，事实上价格也可能上涨，其上涨的速度也许比收入的提高还要快。假设家庭所消费产品与服务的价格在这段时间上涨了 25%。由于家庭收入只提高了 20%，我们得出结论，尽管家庭的名义收入（以当期价值表示的收入）提高了，但如果用他们所能购买的产品与服务来衡量，其生活水平变差了。

通过计算 2018 年和 2022 年的实际收入，我们可以对这两年的家庭购买能力进行更准确的比较。一般而言，实际量是用实物的形式，如产品与服务的数量来衡量的量。为了把一个名义量转变为实际量，我们必须用名义量除以相应的价格指数，具体计算如表 2.2 所示。表中的计算结果显示，相较 2018 年、2022 年，以实际方式或者说购买能力来衡量的家庭收入事实上下降了 4000 元，下降幅度占其初始收入的 4%。

表 2.2　　　　　　　2018 年和 2022 年家庭收入

年份	名义家庭收入（万元）	CPI	实际家庭收入（万元）
2018	10	1.00	10
2022	12	1.25	9.6

这个家庭生活水平下降的原因在于，他们的收入只是在名义上有所提高，而没有与通货膨胀保持同步。用名义量除以相应的价格指数来得到实

际量的过程称为减缩名义量。请注意，不要混淆减缩名义量与通货紧缩（负通货膨胀）这两个不同的概念。

用名义量除以价格指数的当期值求得以实际方式或者说购买能力来衡量的实际量是一种十分有用的方法。在对任何名义量（如工人工资、医疗支出、联邦预算的各组成部分等）进行比较时，它可用于消除通货膨胀的影响。那么这种方法的原理是什么？一般而言，如果你知道在某种物品上支出的总金额和这种物品的价格，就可以（用总支出除以价格）计算你所购买的这种物品的数量。例如，如果你上个月总共花了100 元购买汉堡，每个汉堡的价格为 2.50 元，那么你可以确定自己购买了 40 个汉堡。基于相似的原理，你用一个家庭的货币收入或支出除以衡量他们所购买产品与服务平均价格的价格指数，即可得到衡量他们所购买产品与服务的实际量。这样得到的实际量有时候被称为经过通货膨胀调整的量。

消费者价格指数也可以用来把实际量转变为名义量。例如，我们假定，2018 年政府每月向社会安全福利的受济者支付 1000 元。现在希望这部分救济金的购买力不会随时间而发生改变，从而使受济者的生活水平免受通货膨胀的影响。为了维持退休人群的购买力，2022 年所应支付的名义救济金取决于 2018~2022 年所发生的通货膨胀的程度。假设 2018~2022 年 CPI 上升了 20%。也就是说，消费者所购买的产品与服务的平均价格水平在这段时间上涨了 20%，为了使社会安全福利的受济者与通货膨胀"保持同步"，2022 年的救济金应该为 $1000 + 0.2 \times 1000 = 1200$（元），比 2018 年提高了 20%。一般而言，为了保持购买力恒定，名义救济金必须以与每年 CPI 上升百分比相同的幅度增加。

根据价格指数的变化来改变名义量的值以防止通货膨胀削弱购买力的操作过程，被称为指数化过程。例如在社会保障福利方面，美国联邦法律就对救济金的自动指数化做了相关规定。在国会不采取任何措施的前提下，每年救济金的增加速度会与 CPI 上升的百分比保持一致。一些劳动合同也有类似的指数化规定，这使得工资额的确定能够完全或部分考虑通货膨胀变化带来的影响。

拥有指数化合同时工人能拿到多少工资？

一份劳动合同规定，第一年工资为每月 5000 元，实际工资在订立合同后的第二年提高 2%，第三年再提高 2%。第一年 CPI 为 1.0，第二年为 1.05，第三年为 1.10。请计算第三年所需支付的名义工资。

由于在第一年 CPI 等于 1.00，因此名义工资和实际工资都为 5000 元，我们用 W_2 代表第二年的名义工资。用第二年的 CPI 进行减缩化处理，我们可以把第二年的实际工资表示为 $W_2/1.05$。合同规定，第二年的实际工资必须比第一年的实际工资高 2%，所以 $W_2/1.05 = 5000 \times 1.02 = 5100$（元）。两边同乘以 1.05，即可解出 W_2，我们求得 $W_2 = 5355$ 元，这就是根据合同所要求的第二年的名义工资。在第三年，名义工资 W_3 必须满足等式 $W_3/1.10 = 5355 \times 1.02 = 5462.1$（元）。求解这一方程可得 $W_3 = 6008.31$ 元，这就是第三年必须支付的名义工资。

对家庭货币收入等名义量进行价格水平变化意义上的修正，把它除以某一相应的价格指数（如 CPI），这一过程被称为对名义量的减缩化。经过这样的处理原来的名义量便可以用实际购买力进行度量。发生于不同年份的名义量经过定义于同一基年的价格指数的减缩化处理，就可以对这两个减缩量的购买力进行比较。

通货膨胀对企业财务报表产生的影响是不可小觑的，尤其是对资产负债表的影响尤为显著。在高通货膨胀时期，企业持有的固定资产价值可能会上升，但负债也相应增加。因此，在分析企业财务数据时，需要进行通货膨胀调整，以反映资产和负债的实际价值，从而确保企业财务信息的准确性。

资产调整：在高通货膨胀时期，由于固定资产持有的时间较长，其价值通常会上升。为了准确反映固定资产的实际价值，企业需要对资产进行调整。企业可以根据相关指数对固定资产的原值进行通货膨胀调整，得出其实际价值，以便精确地反映固定资产在通货膨胀下的价值变动，避免由于价格上涨而产生虚高的资产价值。

负债调整：通货膨胀对负债也会产生影响，企业在高通货膨胀时期可能会面临更高的借款成本，债务负担增加。因此，在分析财务报表时，需要对负债进行通货膨胀调整，以反映实际负债水平。企业可以使用价格指数来调整债务金额，以计算实际的负债值。

财务比率调整：通货膨胀对财务比率也会产生影响，如利润率、资产周转率等。在高通货膨胀时期，企业的销售收入可能会增加，但成本和费用也会上涨，导致利润率波动。在分析财务报表时，需要对财务比率进行通货膨胀调整，以消除通货膨胀的影响，更准确地评估企业的经营绩效。

报表披露：企业在财务报表中应当明确地披露通货膨胀调整的方法和依据，确保透明度和信息的准确性。这一举措有助于投资者和利益相关者了解企业财务信息的真实情况，从而做出更明智的决策。

此外，通货膨胀对工资和居民收入水平产生直接影响。在高通货膨胀时期，物价上涨导致货币购买力下降，工资的实际价值可能会减少，从而影响居民的生活水平。政府和企业需要适时调整工资水平，以应对通货膨胀带来的压力，从而保障居民的合理收入，维护社会稳定。

工资调整机制：为了应对通货膨胀，政府和企业需要建立有效的工资调整机制。这一机制通常包括定期的薪酬评估和调整，以确保工资能够跟上通货膨胀的节奏。

社会保障与福利：除了直接调整工资水平，政府还可以通过提供更全面的社会保障与福利措施来帮助居民应对通货膨胀的影响。例如，加强医疗保险、养老保险和失业保险等社会保障体系，以减轻居民在高通货膨胀时期的经济负担。

产业和地区差异：在通货膨胀调整中，需要考虑不同产业和地区的差异。由于通货膨胀对不同产业和地区的影响程度可能不同，政府和企业可以根据实际情况采取差异化的调整策略，以确保工资水平能够公平合理地反映通货膨胀的影响。

薪酬与劳动力市场的灵活性：在进行工资调整时，还需考虑劳动力市场的灵活性。政府和企业可以采取灵活的薪酬策略，结合劳动力市场的实际情况，以平衡通货膨胀带来的影响和保持劳动力市场的稳定。

2.4 通货膨胀的成本

通货膨胀成本是指由于通货膨胀而导致经济中各方面产生的负面影响和损失。虽然适度的通货膨胀对经济有利，但高速和不稳定的通货膨胀可能会引起一系列的问题，具体包括以下几个方面。

菜单成本：企业随着通货膨胀而频繁调整产品价格所产生的成本。当物价上涨时，企业需要更频繁地调整其产品的售价，以保持利润水平，因为不及时调整价格可能导致盈利减少或亏损。这涉及更新菜单（产品价格列表）的成本，例如重新设计、印刷和分发新的菜单，同时还需要考虑员工培训和信息传达的成本。因此，通货膨胀会增加企业经营成本，导致菜单成本的增加。

鞋底成本：当通货膨胀高时，通常名义利率上升以补偿价格水平的上升。结果，把现金放在口袋里的成本更高了，因为现金不能赚取任何利息。通货膨胀的鞋底成本似乎是微不足道的，但在经历超级通货膨胀的经济中，这种成本就很重要了。

税收扭曲：如果出现了通货膨胀，人们的收入水平也会随着通货膨胀提高，然而工资的提高又意味着人们的纳税等级进入了更高的一个水平。但是如果人们的实际收入增长不能覆盖掉新交的税，这样就会出现因为通货膨胀的税收扭曲。通货膨胀会导致税收收入的实际价值下降。随着通货膨胀，货币的购买力下降，这意味着纳税人相同金额的税收实际上变得更轻松支付。例如，如果某国的税率为20%，在通货膨胀前税收收入为1000单位货币，纳税人需支付200单位货币。但在通货膨胀后，即使纳税人收入仍为1000单位货币，由于通胀，这份税收实际上相对较低，相应的货币支付可能仅为160单位。这会导致国家税收收入相对减少，而政府实施的各项社会福利项目和公共服务可能受到影响。通货膨胀会影响税收的结构，引起不同税种之间的差异性影响。某些税种可能更容易适应通货膨胀，而其他税种可能无法及时调整以适应变化。例如，一些特定税种按照固定金额征收，例如固定金额的消费税。在通货膨胀期间，固定金额的税收相对于物价上涨而变得较小，可能无法有效捕捉到经济实际的增长。这样的通货膨胀会影响税负分配：对于不同收入群体来说，通货膨胀会导致税负的不同分配。例如，如果税率是渐进的，即随着收入增加而增加，通货膨胀可能会导致较低收入群体实际上面临更高的税负。高通胀可能使人们的实际收入增长速度无法跟上税率上涨的速度，从而导致税负压力增加。这可能引起社会经济不平等的问题。税收扭曲可能导致财政收入分配不均，增加税收负担的不公平性。

相对价格变动导致资源配置不当：通货膨胀使得价格普遍上涨，企业和个人在市场上往往面临不断变化的相对价格。在这种情况下，资源的配置可能出现偏差，企业可能会将更多资源投入价格上涨较快的行业，而对于价格上涨较慢的行业，则可能投入不足。这样就会导致资源的错配，影响经济的效率和可持续发展。通货膨胀让人们难以准确预测未来的价格水平，企业在做投资决策时面临着较大的不确定性。由于未来价格的不确定性，企业可能会降低投资水平或者将资金投入虚拟资产或保值性较强的领域，而相对忽视实体经济的发展需求，从而对实际生产和经济增长产生不利影响。通货膨胀的高速度和不稳定性可能对经济产生负面影响。企业和消费者可能感受到货币贬值带来的购买力下降，导致消费者情绪低迷，减少消费支出；同时，企业在面临不断变化的成本压力时难以制定稳定的经营计划。这种不稳定性会对经济中的投资、就业和消费产生影响，进而影响资源的配置。

财富再分配：通货膨胀对固定收入者和持有债务的个人或家庭的影响较为深远。随着物价的上涨，他们的购买力会下降，因为他们的收入无法与通货膨胀相适应。同时，对于债务者来说，通货膨胀可能会减轻他们的负债压力，因为他们偿还的债务金额在实际价值上会减少。在通货膨胀期间，劳动力市场上可能会出现工资的上涨，尤其是当就业市场紧张时。工资的上涨可以部分抵销个人或家庭的购买力下降，但并不一定能够完全跟上通货膨胀的速度。因此，工资上涨并不能保证所有劳动者都能从通货膨胀中获益。通货膨胀对资产价格通常会产生积极影响。土地、房产、股票和其他投资工具的价值可能会上涨，从而带来财富再分配效应。然而，不同人群对不同类型的资产拥有不同的资产配置，所以通货膨胀对财富再分配的影响也会因个人或家庭的资产组合而异。通货膨胀对储蓄者和投资者的影响也是有差异的。持有现金或低风险投资的储蓄者会受到通货膨胀的负面影响，因为他们的储蓄价值会缩水。相反，投资于高风险资产，如股票、房地产等的投资者，可能能够通过资产价值的上涨来抵销通货膨胀对他们的冲击。

通货膨胀对储蓄有哪些影响？

通货膨胀是指一般物价水平持续上涨的现象，通常由货币供应量的增加引起。当通货膨胀发生时，同等数量的货币能够购买的商品和服务减少，导致货币的实际购买力下降。通货膨胀对经济有着深远的影响，包括削弱货币的储蓄功能、影响投资决策、扰乱经济计划和分配资源等。

名义利率是指贷款或存款的利率，它反映了未经调整的货币利率水平。通常，银行和金融机构以名义利率向借款人收取贷款利息，或向存款人支付利息。名义利率可以受到多个因素的影响，如货币政策、通货膨胀预期、市场供求等。宏观经济学中通常用名义利率来衡量借贷成本和资金供给的紧张程度。

实际利率是指扣除通货膨胀率后的利率水平。它衡量了资金的实际购买力和借贷成本。实际利率提供了更准确的衡量标准，帮助我们了解资金真实的机会成本。通常情况下，实际利率是由名义利率减去通货膨胀率得出的。如果通货膨胀率高于名义利率，实际利率可能是负数，意味着借款人能够以低于借贷金额的价格借款。

通货膨胀、名义利率和实际利率之间存在着重要的关系。当通货膨胀率高于预期时，名义利率可能被调整，以反映货币价值的下降。如果名义利率没有相应调整，实际利率就会下降，导致实际借款成本降低。相反，当通货膨胀率低于预期时，名义利率可能会上升，以保持实际利率的稳定。

想象一下你存款在银行里获得的利率是2%的名义利率。这意味着你的存款每年会增加2%的利息。现在假设通货膨胀率是3%。通货膨胀是指物价的普遍上涨，也就是说，一年后，货物和服务的价格可能比现在高3%。那么，这个2%的名义利率还给你带来了实际的利益吗？看起来好像并不是那样。因为通货膨胀率高于你的名义利率，物价上涨的幅度超过了你存款的利息增长。这就引出了实际利率的概念，实际利率是指你的名义利率减去通货膨胀率后所剩下的实际增长率。

在上述例子中，实际利率实际上是 −1%（2%的名义利率减去3%的通货膨胀率）。这意味着，考虑到通货膨胀，你的存款的购买力会以每年1%的速度下降。实际利率告诉我们存款的净增值，而不仅仅是名义利率给出的增值。在通货膨胀较高的时候，实际利率可能为负（即负利率），这意味着你的钱实际上在贬值。在经济中，实际利率的变化对投资、消费和储蓄决策产生影响。当实际利率较高时，借款成本上升，人们更倾向于储蓄而非支出。相反，当实际利率较低时，借款成本下降，人们更倾向于投资和消费。

2.5 改革开放以来的几次典型通货膨胀[*]

通货膨胀是国家经济生活的重要热点问题之一，影响到民众生活的方方面面，被视为国家最严重的经济问题之一。理论上，将物价普遍持续上涨或下跌认定为通货膨胀或者通货紧缩。据国家统计局公开数据，改革开放以来，我国经历了多次通货膨胀，以及多次的 CPI 阶段性的下行现象，对我国经济发展产生了重要的影响。

---

[*] 资料来源：国家统计局；吴江，韩鑫韬. 改革开放以来我国四次通货膨胀的成因 [J]. 经济问题探索，2012（7）。

1. 1979~1980 年，改革开放初期的首次上涨

自 1978 年十一届三中全会起，我国实行改革开放政策，党的工作重心转向社会主义现代化建设。改革开放政策实施的初期，为了促进经济的快速恢复和发展，我国政府进行了一系列大规模的基础设施投资。这些投资虽然对经济增长起到积极的推动作用，但也导致国家财政支出的大幅增加，进而引发财政赤字问题。为了应对财政赤字，中国人民银行采取了增加货币供应量的措施，这直接导致货币供应总量的大幅增长。M0 从 1978 年的 212 亿元激增至 1980 年的 346.2 亿元，增幅高达 63.3%。然而，这种货币供应量的快速增长带来一系列连锁反应，其中最为明显的就是通货膨胀的加剧。消费者价格指数（CPI）从 1978 年的 0.7% 急剧上升至 1980 年的 7.5%，反映出物价水平的普遍上涨。

通货膨胀对经济平衡和民众的日常生活造成了负面影响。物价的连续上升导致民众生活开支的增加，特别是对收入较低的群体，经济压力显著增加。同时，通货膨胀也对企业经营带来了挑战，成本上升和价格波动增加了企业的经营风险。针对当前的经济难题，我国政府立即执行了多项策略以抑制通货膨胀。在 1980 年 12 月，国务院颁布了《关于严格控制物价、整顿议价的通知》，其中清晰地界定了减少基础设施开支和控制货币供应的政策方向。借助这些措施的执行，政府成功地抑制了物价的急剧攀升，并逐步使通货膨胀状况趋于平稳。

在接下来的两年多时间内，我国政府连续执行了多套措施，以推动经济结构的调整和优化，这包括强化价格控制、改进财政支出的分配以及加快产业的技术革新。通过这些措施的执行，通胀得到了有效遏制，为我国未来的经济稳定增长打下了坚实的基础。尽管 1980 年的通货膨胀给中国经济带来了不小的挑战，但它也促使政府和社会各界更加重视经济管理和宏观调控，从而积累了宝贵的经验，为我国后续经济改革和开放的深入推进提供了重要的参考。

2. 1984~1985 年，城市改革初期的通货膨胀

1985 年，我国正处于改革开放的初期阶段，经济体制的变革和政策的

更新引发了多方面的深远社会经济变动。在这一时期，我国经济也面临着通货膨胀的压力，这一现象受到了多方面因素的影响。

首先，经济的迅猛发展带来了市场需求的急剧膨胀，特别是在城市化和工业化的背景下，对各类商品和服务的需求量急剧上升。但是，短期内生产供应并未能同步增长以匹配这一需求，导致了供需之间的紧张关系，这种紧张关系最终导致了物价水平的上升。其次，为了支持经济的快速发展，政府在基础设施建设、工业投资等方面投入了大量资金，这在一定程度上增加了货币供应量，为通货膨胀提供了土壤。此外，1985 年我国遭遇了包括洪水和干旱在内的一系列自然灾害，这些灾害严重影响了农业生产，导致粮食及农产品的产量下降，从而增加了物价上升的压力。

面对通货膨胀的挑战，我国政府迅速实施了一系列应对策略。这包括强化对价格的监管，并对一些关键商品执行价格控制，目的是稳定市场的预期；同时，通过调整货币政策和信贷政策，控制货币供应量的增长，减少通货膨胀的货币因素。政府同样强调提升产业的生产效率和供给能力，通过技术创新和产业结构的升级，增强工农业产出，以增加市场供给，减轻供需之间的紧张关系。此外，政府还加强了对农业的投入和支持，以保障粮食安全和农产品供应。

通过这些措施的实施，我国政府在一定程度上控制了通货膨胀的势头，保持了经济的稳定增长。1985 年的通胀为政府未来制定经济政策和进行宏观调控积累了宝贵的经验和教训，有助于政府在未来更好地应对类似的经济挑战。然而，就在 1985 年通胀刚刚得到控制之际，我国又遭遇了改革开放以来的第三次通胀。

3. 1987～1989 年，货币政策失控导致的通货膨胀

1986 年 3 月，随着商品定价的自由化和工资制度的改革，银行放宽了对工业流动资金的贷款限制，其他贷款政策也随之放宽。到了 1987 年，国内货币流通量急剧增加，年增长率飙升至 116%，这导致了需求的急剧膨胀。在这一时期，1988 年的零售价格指数创下了 1949 年以来 40 年的最高涨幅纪录。这场通货膨胀是改革开放后较为严重的一次，物价的飙升和抢购现象引发了众多社会问题。其成因错综复杂，涉及经济政策、市场运作

机制以及国际经济环境等多个因素。首先，自 20 世纪 80 年代中期起，为了推动经济的快速增长，我国政府采取了扩张性的财政和货币政策措施，这导致了货币供应量的急剧上升。这种货币供给的快速增长，为通货膨胀的爆发埋下了伏笔。其次，随着经济改革的深入，商品和服务的价格逐渐放开，市场机制在资源配置中的作用日益增强。在这一过程中，由于市场监管和价格形成机制尚不完善，导致了价格信号的扭曲和市场供需关系的失衡。此外，1988 年的通胀现象也受到了全球经济动态的显著影响。当时，全球油价的攀升导致我国进口商品的成本上升，同时，国际贸易形势的变动也对我国的出口业务造成了冲击，这些外部因素均加剧了国内物价上涨的压力。

在应对通货膨胀这一严重经济问题时，我国政府实施了多项策略。政府增强了对物价的监控力度，并针对一些关键的生活必需品实施了价格控制措施，旨在维护市场价格的稳定。同时，政府还调整了货币政策，通过提高利率和控制信贷规模来抑制货币供给的过快增长。在经济结构调整方面，政府鼓励企业提高生产效率，增加有效供给，尤其是对农业和基础工业的投入，以缓解供需矛盾。此外，政府还加大了对低收入群体的补贴力度，以减轻通货膨胀对民生的影响。

尽管 1988 年的通胀对我国的经济造成了显著的影响，但它同样标志着我国经济转型期间的关键挑战。通过这次经历，我国政府积累了宝贵的宏观调控经验，为后续经济的稳定发展奠定了基础。同时，这次通货膨胀也促使我国进一步深化经济体制改革，完善市场机制，提高经济的抗风险能力。

4. 1993～1995 年，实行市场经济之后的价格上涨

邓小平南方谈话后，我国经济迅速步入了高速发展阶段。政府取消了以往对商品配给和定量供应的限制，几乎所有在计划经济时期由国家定价的商品，现在都依据市场供求关系来重新定价。货币的需求量和供应量急剧上升，在 1992 年至 1995 年间，货币供应量的同比增长率超过了 30%。根据国家统计局的数据，1992 年消费者价格指数上升了 6.4%，1993 年上升了 14.7%，1994 年更是达到了 24.1%，创下了改革开放以来物价上涨

的最高纪录；尽管1995年消费者价格指数有所下降，但仍然高达17.1%。

这一时期的通货膨胀具有多方面的原因，主要是受到我国市场经济改革的影响。首先，20世纪90年代初期，我国经济继续保持着较高的增长速度，但这种增长在一定程度上是建立在大规模信贷扩张和固定资产投资增加的基础上。企业和地方政府的投资热情高涨，导致银行信贷快速增长，货币供应量随之增加，这为通货膨胀提供了货币条件。其次，我国经济结构的快速变化也对物价产生影响。随着市场化改革的深入，许多商品和服务的价格开始由市场供求关系决定，而不再是政府定价。这种价格机制的转变在短期内可能导致价格波动，尤其是在市场监管和调控机制尚未完全建立的情况下。此外，国际因素也对1994年的通货膨胀有所影响。当时，全球经济正处于复苏阶段，国际市场上的原材料和能源价格上涨，增加了我国的进口成本。同时，国内农业生产受到自然灾害的影响，粮食和农产品供应紧张，进一步推高物价。

为了对抗通胀带来的挑战，我国政府实施了多项策略。在金融政策上，中国人民银行提高了利率，并强化了贷款监管，目的在于抑制货币供应的过快增加。在财政政策方面，政府减少了一些建设投资项目，并缩减了财政预算，目的是降低总体的经济需求。同时，政府加强对市场的监管，打击囤积居奇和哄抬物价的行为，以维护市场秩序。在农业方面，政府增加对农业生产的投入，提高农产品收购价格，以保障粮食供应和农民收入。

到了1994年，通胀问题得到了有效的缓解，我国经济在经过一段时间的适应和调整之后，重新步入了稳健增长的轨道。这次通货膨胀的经历促使我国政府进一步认识到宏观经济管理的重要性，也为后续的货币政策和财政政策的制定提供了宝贵的经验。通过这次挑战，我国经济的宏观调控体系得到了加强，市场监管机制逐步完善，为经济的持续健康发展奠定了坚实的基础。

5. 2010~2011年，全球金融危机后的通货膨胀

自2008年金融危机爆发以来，全球范围内实施了较为宽松的财政与货币政策。美国和欧洲多次实施量化宽松措施，我国政府也在持续完善其应

对策略，逐步构建起一套全面的应对方案。政府采取了更为积极的货币政策，这在一定程度上为通货膨胀的上升提供了动力。到了 2011 年，我国经济在连续多年的快速增长后，面临了为期两年的通货膨胀挑战。这一时期的通胀是由多种因素共同作用的结果。首先，全球金融危机后，为了刺激经济增长，我国政府实施了宽松的货币政策和积极的财政政策，这导致了市场上的流动性过剩。随着经济逐步回暖，过剩的流动性开始转化为价格上涨的压力。其次，2011 年，国际大宗商品价格的上涨，尤其是石油和粮食价格的攀升，增加了我国的进口成本，进而传导至国内价格体系，加剧了通货膨胀的趋势。此外，国内生产成本的上升，包括劳动力成本和原材料成本，也在一定程度上推动了物价的上涨。

面对通货膨胀的挑战，我国政府采取了一系列措施进行应对。在货币政策方面，中国人民银行多次提高存款准备金率和利率，以回收市场上的流动性，抑制信贷过快增长。同时，政府加强了对银行信贷的监管，引导信贷资金更多地流向实体经济，尤其是中小企业和农业领域。在财政政策方面，政府通过调整税收政策和优化财政支出结构，来抑制总需求的过快增长。同时，政府加大了对低收入群体的补贴力度，以减轻通货膨胀对他们生活的影响。此外，政府还加强了对市场的监管，打击了囤积居奇和哄抬物价的行为，以维护市场秩序。在农业领域，政府加大了对农业生产的资金支持，并提升了农产品的购买价格，旨在确保粮食的稳定供应并增加农民的收入。

通过这些措施的实施，2011 年的通货膨胀得到了一定程度的控制。我国经济在经历了一段时间的调整后，逐渐回归到了平稳增长的轨道，这一成就历时一年多，展示了我国宏观调控政策的及时性和有效性。这次通货膨胀的经历，再次提醒了我国政府和社会各界对宏观经济稳定重要性的认识，也为我国经济的宏观调控和市场监管提供了宝贵的经验。

21 世纪以来，我国的消费者价格指数（CPI）也多次遭遇了周期性的下降趋势（见图 2.1）。在 2008 年至 2009 年间，以及 2020 年，这一趋势尤为明显。其中，2008～2009 年的下行主要受国际金融危机影响，而 2020 年则是因为新冠疫情的冲击，这两大全球性事件均导致 CPI 涨幅迅速回落，甚至短暂跌入负增长区间。面对这样的挑战，我国经济展现出了强大的韧性，尽管面临压力，但很快就实现了企稳。

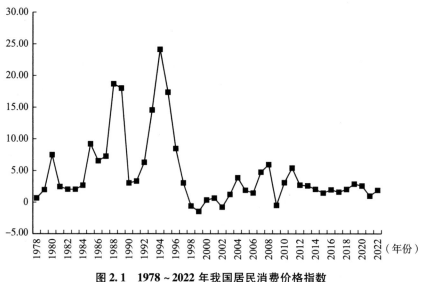

图 2.1 1978～2022 年我国居民消费价格指数

资料来源：国家统计局。

　　而在 2002 年，消费者价格指数（CPI）经历了一段时间的下降，连续十个月的增长率低于零。这一现象与我国加入世界贸易组织（WTO）后，海外供应的大量涌入和市场竞争的加剧有着直接的联系。尽管面临这样的市场环境，我国的经济仍然保持了稳定且快速的增长。此外，在其他时间段，CPI 也曾有所下降，但这些变化并没有显著改变宏观经济的整体发展轨迹。

　　实际上，通货膨胀的程度是由供给和需求两个主要因素共同决定的。需求方面，诸如消费和投资等因素可以推动价格上涨；而供给方面，如生产中断或成本上升等供给因素同样具有显著影响。只有在供给与需求大致相等的情况下，价格水平才能维持稳定。自 2022 年起，全球主要的发达经济体遭遇了罕见的高通胀现象，这对它们的中央银行货币政策选择产生了重要影响。与此形成鲜明对比的是，我国的通货膨胀率一直保持在一个相对温和的范围内。无论是过去一年、五年还是十年，消费者价格指数（CPI）的年增长率大体上保持在 2% 左右，这为我国经济增长的持续性和稳定性提供了坚实的基础。

 小结

通货膨胀是指经济中价格总水平持续上升的现象。它导致货币购买力下降，进而影响到个人和企业的消费、投资和生产决策。通货膨胀对经济稳定和社会福利具有重要影响，因此了解其原因和影响是我们研究宏观经济的关键一环。

通货膨胀的测度有三种主要指标，分别为消费者价格指数（CPI）、生产者价格指数（PPI）以及GDP平减指数。三个指标各自有优缺点，CPI、PPI只涵盖了部分商品和服务，GDP平减指数虽然包含了所有的商品和服务，但其统计困难，计算不方便。

导致通货膨胀的主要原因包括需求拉动、成本推动以及结构型。需求拉动通货膨胀是由于总需求超过了经济产出的能力，引起了物价上升。成本推动通货膨胀则是由于生产成本（如劳动力和原材料成本）上升，企业为保持利润率而调整价格。结构型则是不同部门之间对价格敏感性不同导致的。

通货膨胀对经济有着不同的效果。适度的通货膨胀可以刺激消费和投资，促进经济增长。然而，通货膨胀也有成本，会带来菜单成本、鞋底成本、税收扭曲以及资源分配不当。因此，宏观经济政策制定者通常致力于保持适度的通货膨胀水平，以平衡经济增长和价格稳定。

 **延伸阅读**

津巴布韦的恶性通货膨胀

津巴布韦共和国（以下简称津巴布韦），位于非洲大陆南部地区，是非洲自然条件最好的国家之一，它虽然地处热带草原气候区，但因为平均海拔超过1000米，所以气候温和，可耕地面积高达3300多万公顷。津巴布韦已探明40多种矿产，像铬（主要用在不锈钢、合金、电镀上）的储量约占全球的 12%，还有大量的铁、煤、石棉矿，镍、黄金储量也很丰富。历史上，津巴布韦是世界主要的烤烟出口国、欧洲鲜花市场的第四大供应商，被称为"南部非洲粮仓"。津巴布韦有 16 种官方语言，其中英语、绍纳语和恩德贝勒语最为常见。主要经济部门是制造业，然后是农业、旅游和分销业、运输和通信业、金融和保险业以及采矿业等。津巴布韦在 20 世纪 80 年代和 90 年代一直保持着正经济增长，但自 2000 年起经济开始下滑，尤其是创纪录的恶性通货膨胀和商品短缺加剧了经济的衰退，对国家经济产生了毁灭性的打击。

1. 津巴布韦的通货膨胀

通货膨胀指的是一种持续的、一般物价水平上升的现象。在这种情况下，相同数量的货币购买力降低，导致商品和服务的价格普遍上涨。通货膨胀率极高的现象被称为恶性通货膨胀。这种极其迅速或者失控的通货膨胀，会导致两件事的发生：商品或经济项目的实际价值通常不会改变，但货币价值严重下降；货币的快速贬值，会使得人们的收入急速缩水，生活受到严重影响，对政府和流通中的货币失去信心。以津巴布韦为例，其通货膨胀率从 1998 年到 2008 年一直呈螺旋式上升，最终在 10 年内转变为恶性通货膨胀。2008 年，该国通货膨胀率达到 231000000%，成为当时世界上通货膨胀率最高的国家。

政府为解决或稳定该国恶性通货膨胀，多次进行货币制度改革。2003年，当津巴布韦的通货膨胀率飙升至 598% 时，津巴布韦政府决定从国家货币中删除三个零。除了从货币中去掉零之外，政府没有采取任何措施来控制通货膨胀。2006 年，中央银行表示，将从每张钞票上再去掉三个零，以帮助消费者应对该国近 120% 的高通胀。新的官方汇率为 250 津巴布韦元，相当于旧津巴布韦元的 25 万津巴布韦元。2008 年，津巴布韦央行宣布再次进行货币制度改革，废除旧津巴布韦元的使用，以及启动多种货币结算制度：美元、南非兰特、欧元、人民币和博茨瓦纳货币普拉等成为其日常的主要结算货币。津巴布韦储备银行将津巴布韦元减十个零，从而将 100 亿津巴布韦元重新估价为 1 美元。在 2008 年 7 月，一罐可乐的早餐成本为 500 亿美元，但在午餐时间，成本翻了一番，达到 1000 亿美元，而在同一天晚上，成本增加了两倍，达到 1500 亿美元。2009 年，央行再次对美元进行重估，立即从面值中消除了十二个零。央行推出了七种新纸币，面额分别为 Z\$1、Z\$5、Z\$10、Z\$20、Z\$50、Z\$100 和 Z\$500，重估意味着 1 万亿旧津巴布韦元将相当于 1 新津巴布韦元。2009 年 8 月，津巴布韦造了一张纸币，面值 100 万亿津巴布韦元，这是有史以来世界各国发行的最大纸币面额，因为通货膨胀侵蚀了当地人的购买力，最终增加了该国许多饥饿的亿万富翁。

尽管多次尝试移除零和重新估价津巴布韦元，但是频繁地消除零并不能解决通货膨胀问题，津巴布韦的国家货币已陷入崩溃。2009 年，政府决定暂停使用本国货币，转而支持外币来缓解持续的通货膨胀问题。

2. 津巴布韦通货膨胀的原因

（1）土地改革。2000 年起，为了让黑人获得更加公平的土地分配，政府开始推行土地改革，将英国白人农民拥有的商业农田重新分配给无地津巴布韦人。但过程比较激进，产生很多冲突，并且津巴布韦当地人没有技术，也不知道如何维持农业，导致粮食大量减产，农产品出口减少，经济产出下降 50% 以上，其中主要来自烟草和玉米，造成生产力的巨大损失，是引发津巴布韦通货膨胀危机的事件之一。

（2）干旱灾害。干旱是津巴布韦恶性通货膨胀的第二个主要原因。津巴布韦从 1963 年到 2005 年经历了 13 个严重干旱期，即 42 年的干旱期，平均每三年发生一次严重干旱。由于没有足够的技术，如灌溉技术，这使现在务农的当地人处于严重的不利地位，这也导致了生产力和产量的大幅下降。

（3）盲目印钞。产出短缺带来的物价上涨，物价上涨导致政府系统开支增大，在政府收入不变的情况之下，为了不使财政赤字，政府发行更多的货币在市场上流通。然而新增的货币又产生新一轮的物价上涨。因为小额货币不能满足人们的需求，政府又发行大额货币，如此恶性循环，最终导致津巴布韦居高不下的通货膨胀和物价上涨。

3. 恶性通货膨胀的影响

（1）严重影响民众生活。高涨的物价给津巴布韦人民的生活带来一系列困扰，降低了他们的实际购买力，也恶化了他们的经济状况。一小包咖啡豆的价格，十年前可以买 60 辆新车。最紧俏的日用商品是点钞机，每台的价格在 3.45 亿至 12 亿津巴布韦元之间。在津巴布韦，人们对货币的使用早已不是论张，而是论"堆"或用秤来"称量"。价格几乎每天都在上涨，当价格上涨时，通常是100%。零售商、批发商和其他服务提供商的价格上涨速度如此之快，使当地人无法购买日常必需品。人们不敢手头上持有过多货币，生怕货币贬值，货币在津巴布韦似乎成了烫手山芋，人们一有货币，就想方设法把它变成商品。然而，津巴布韦国内资源短缺问题严重，食用盐、味精、鸡蛋、牛奶、面粉等都常常断货，导致人们的生活更加的内外交困。

（2）政府失去货币控制权。2008年末，津巴布韦元在恶性通货膨胀期间被广泛的美元化所取代，居民广泛使用美元或其他货币而不是本国货币。2009年2月，官方承认津巴布韦元作为本国货币已停止使用，当局建立了一个多元货币体系。在这一制度下，硬通货交易得到授权，外汇必须纳税，外汇制度基本上是自由化的。有五种外币被授予官方地位，但美元已成为主要货币。作为中央银行的津巴布韦储备银行（RBZ）由于不再印刷货币，失去了对货币供应的控制。

（3）经济发展受到严重影响。受恶性通货膨胀的影响，津巴布韦的经济增长放缓，总体生活水平停滞不前，贫困现象蔓延。2008年，津巴布韦的GDP增长率为－17.67%（见图2.2）。失业率上升到80%至95%，这也是恶性通货膨胀期间的最高水平。农业生产衰退、银行业崩溃、出口大幅减少导致许多人失业。不断升高的通货膨胀使商店的货架很难填满，这也导致了员工的减少，许多全职员工都在寻找兼职工作。生活水平的下降导致津巴布韦人均寿命的减少，据津巴布韦国家统计局数据统计，其国民的预期寿命仅为39岁，是世界上人均预期寿命最低的国家之一。

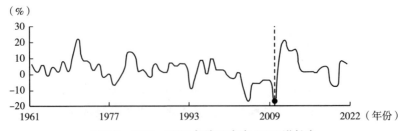

图2.2　1961～2022年津巴布韦GDP增长率

资料来源：中经数据。

第**3**章

劳动力资源与市场状况的
测度与数据

　　劳动力作为一种重要的生产要素，对国家和地区的经济运行状况有着显著的影响。那么什么是劳动力呢？广义的劳动力包括劳动力资源和劳动力市场，而狭义的劳动力指劳动力资源，也就是可供使用的人力资源总量，它包括了人口数量、年龄结构、教育程度、技能水平等因素。人口数量是衡量劳动力资源规模的重要指标，不同国家和地区的人口数量差异巨大，年龄结构和教育程度影响着劳动者的劳动生产力和适应能力，技能水平则决定了劳动者在特定领域的专业能力和竞争力。

　　劳动力市场是劳动力供给方和劳动力需求方之间进行交易的市场，是实现劳动力配置和价值创造的重要机制和场所。在劳动力市场中，劳动者作为劳动力的持有者，通过与用人单位（雇主）的交易，以时间和技能为代价提供劳动力，而用人单位则支付工资作为对使用劳动力所支付的报酬。劳动力市场中的供求关系决定着工资水平和就业情况。本章将通过介绍劳动力资源和市场状况的测度指标，来说明经济体利用劳动力的情况。

3.1 劳动力资源的构成与测量

　　劳动力资源一般指年龄处于适合参加劳动的阶段，作为生产者统计的人口，也被称为劳动适龄人口或劳动人口。对于劳动年龄的范围，各国规定不尽相同，多数国家只规定其下限，也有规定上下限的。我国一般规定男子 16~60 岁期间、女子 16~55 岁期间的人口为劳动适龄人口。该年龄段内丧失劳动力的人口不属于劳动适龄人口，也就是非劳动力（见图 3.1）。比如说自愿在家带娃的家庭主妇，丧失劳动能力的残障人士，学生党等，统统都不算是劳动人口。既然不是劳动人口，那他们自然也不算失业人口。

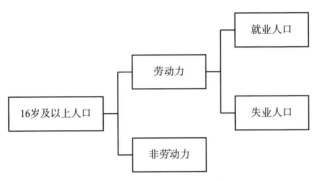

图 3.1 劳动年龄人口分类

我们可以将满足劳动年龄的人口分为劳动力和非劳动力，劳动力是指在经济活动中从事生产和创造价值的人力资源的总称，其中包括就业人口和失业人口。因此有，

$$劳动力人数 = 就业人数 + 失业人数$$

就业、失业和非劳动力三种状态可以互相转换，就业人口失去工作后，如果找工作并且能去工作就是失业人口，否则就是非劳动力。

国际劳工组织（ILO）对就业和失业的判定标准进行了界定。其中就业人口包括两类：（1）在调查参考期内（通常为一周），为了取得劳动报酬或经营收入而工作了一小时及以上的人；（2）因休假、临时停工等原因在职但未上班的人。比如 2022 年末我国就业人员 7.33 亿人，其中城镇就业人员 4.59 亿人，占全国就业人员比重为 62.6%。全年城镇新增就业 1206 万人。图 3.2 展示了 2018~2022 年全国就业人员中的产业分布情况，可以看到各个产业的就业人员构成基本保持稳定，第三产业对就业人口的吸纳程度最高，占比近一半，而第一和第二产业的就业占比差距较小。在

2022 年末，第一产业就业人员占 24.1%；第二产业就业人员占 28.8%；第三产业就业人员占 47.1%。

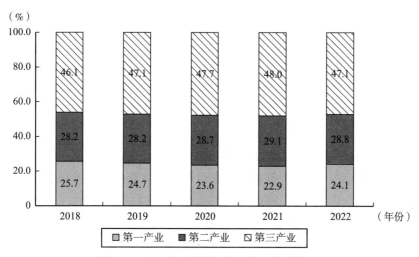

图 3.2　近五年全国就业人员产业构成情况

资料来源：2022 年度人力资源和社会保障事业发展统计公报。

失业人口是满足以下三个条件的人：（1）没有工作；（2）在调查时点前 4 周内做过专门努力寻找工作；（3）如果提供一份合适工作，能在两周内开始工作。值得注意的是，我国关于失业的界定与国际劳工组织有所不同，使用的是 3 个月（12 周）的工作搜寻期限，与国际标准有所不同，可能造成失业率的高估。

我们看到国际劳工组织的就业标准是一个人在最近的一周内，如果在"有报酬"或者"自营就业"岗位上工作了至少一小时，即为就业。注意这个概念强调的是就业"质"的属性，即一个人处于工作或就业状态，但是并未涉及工作或就业时间，即就业的"量"的属性。就业测量统计不仅仅是"工作一小时"的就业标准，还要统计人们实际的工作时间是多少。

国际劳工组织对此有时间标准，即小于 20 小时以下为极短工时；等于或大于 20 小时，小于 35 小时的称为工时不足；35 小时以上则称为充分就业。按照这个标准计算，北京大学的中国家庭追踪调查（CFPS）数据显示，2020 年中国极短工时比例为 3.94%，工时不足比例为 4.76%。由此可见，尽管按照国际标准我国的失业率可能较低，但工时不足，即未充分就业的情况是一定程度存在的，也需要引起关注。澳门特区政府就定期公布未充分就业这一指标。其实，国家统计局在劳动统计年鉴中也曾公布过极短工时数据，大约处于2%的水平。

在发展中国家，不充分就业是一个普遍现象。失业是劳动力资源没有得到利用，不充分就业也是劳动力资源没有得到充分利用的一种状况。劳动力市场有很多不稳定职业的人，比如打零工人员、保洁员、建筑工人，甚至包括网约车司机等新就业形态工作的人，他们不是每天每刻都有活，工时不足在这部分人群中表现较为突出。

另外，还有一种在我国比较特殊的情形需要注意，即"隐形失业"。经济下行阶段，一些单位不裁员或者少裁员，取而代之的是降薪措施，或者3个人的活5个人干，即以"隐形失业"来应对外部冲击，这也可能造成25岁以上人群调查失业率低、波动较小以及就业市场状况不错的假象。

3.2 劳动力市场的衡量指标

接下来我们介绍一些可以用来衡量劳动力市场情况和性质的常用指标。就业和失业相关的指标会反映劳动力资源在市场是否得到充分利用的状况。好的就业或失业指标的变化会成为劳动力市场的"晴雨表"，或者说是"温度计"，能够为政府相关政策制定提供科学依据。以下我们将介绍就业率、失业率、劳动参与率和劳动生产率四个常见的劳动力市场衡量指标。

1. 就业率（employment rate）

就业率是指就业人数与劳动力总数之比，通常以百分比形式表示。它反映了就业人口在劳动力中的比例，是衡量劳动力市场就业状况的重要指标。较高的就业率通常表示较好的就业机会和劳动力利用率。

2. 失业率（unemployment rate）

失业率是指失业人数与劳动力总数之比，通常以百分比形式表示。失业率是衡量劳动力市场空闲资源的指标，它反映了未能找到工作的劳动力的比例。较高的失业率通常表示劳动力市场紧张或经济不景气。

我国的失业率指标通常指的是由国家统计局每月定期发布的全国城镇调查失业率。统计局公布的调查失业率又按照城市统计范围、年龄以及户籍分为三类。从图3.3可以看出，截至2023年6月，我国城镇调查失业率整体为5.2%，连续三个月走平，31个大城市城镇调查失业率为5.5%，失业率小幅超过整体失业率水平；分户籍看，本地户籍人口调查失业率为5.1%，外地户籍人口调查失业率为5.3%，外地农业户籍人口调查失业率为4.9%，其中外地户籍失业率水平偏高。以上分类失业率水平与整体调查失业率大致相当，但按年龄分类中，调查失业率出现了明显分化，其中25～59岁人口失业率水平为4.1%，但16～24岁人口失业率达到21.3%。

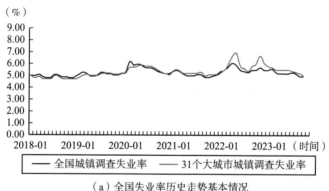

（a）全国失业率历史走势基本情况

（b）分年龄失业率历史走势基本情况

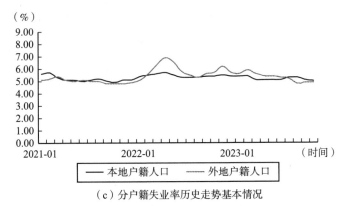

（c）分户籍失业率历史走势基本情况

图3.3　中国总体和不同人口类别的失业率走势

调查失业率整体稳步小幅上升。调查失业率的发布时间相对较短，但自2018年以来，整体维持在5%上下波动，期间有两次波幅加大，分别是2020年和2022~2023年，且主要是受疫情影响。此外失业率整体还有一个特点，就是在年初和年中会出现两次小幅上行：第一次上行的影响主要来自春节假期前后，流动人口就业选择变化可能产生摩擦性失业；第二次上行的影响主要来自毕业季，新增劳动力人口转化为就业人口可能存在一定时间窗口期。

31个大城市城镇调查失业率的波动明显加大。在2018~2019年，虽然调查失业率从平均水平4.9%上行至平均水平5.1%，但整体波幅较小；2020年2月调查失业率开始明显走高，并在较高水平上持续了半年时间，在2020年9月回落至5.5%下方；2022年2月调查失业率再度升至5.5%，虽然本次失业率高点未创新高且回落速度较快，但31个大城市失业率最高水平达到6.9%，且截至2023年6月仍在5.5%水平。

分年龄段失业率分化问题自2018年已经出现。2018年调查失业率平均水平仅有4.9%，但16~24岁人口调查失业率已经基本在10%上方波动了，2019年虽然整体调查失业率小幅上升，但25~59岁人口调查失业率基本持平，同时16~24岁人口调查失业率已经从年初的11%左右上行至年底的12%上方。2020年及之后两个年龄群体调查失业率的分化越发深化，25~59岁人口调查失业率的波动虽然也受疫情影响有所加大，但失业率整体持平甚至是下行的，截至2023年6月仅有4.1%，甚至低于2018年的平均水平4.4%，与之形成鲜明对比的是，自2019年之后，每年年中毕业季基本都带动 16～24 岁人口失业率迭创新高。

不同户籍人口调查失业率水平差异，可能反映的是劳动力成本上升的影响。按户籍分的调查失业率数据时间开始于 2021 年，2021 年中大部分时间里，本地户籍人口调查失业率略高于外地户籍人口，但 2022 年中，外地户籍人口调查失业率在波动幅度和上升幅度方面都明显超过本地户籍人口，结合外地农业户籍人口调查失业率波动低于外地户籍人口整体水平来看，失业率波动的一个影响因素可能是劳动力成本。

3. 劳动参与率（labor force participation rate）

劳动参与率是指劳动力总数与工作年龄人口（通常是 16 岁以上）之比，通常以百分比形式表示。

劳动参与率反映了劳动力中参与经济活动的人口比例，包括就业者和主动寻找工作的失业者。较高的劳动参与率通常表示较高的劳动力供给和劳动市场活跃度。

从图 3.4 中可以看出，2018 年我国的劳动参与率为 67.81%，远远高于世界平均水平的 60.65%。美国和日本的劳动参与率为 60% 左右，印度的人口与我们不相上下，但他们的劳动参与率却仅有 51.63%。这意味着虽然中国的人口数量与印度相当，但劳动力的总数量却要比他们多出约 2 亿人。

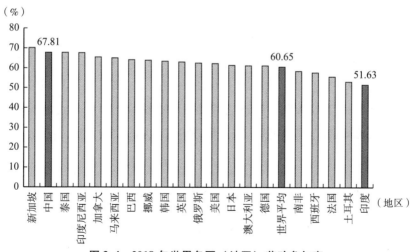

图 3.4 2018 年世界各国（地区）劳动参与率

资料来源：国际劳工组织。

接下来，我们以我国和美国为例，观察一下劳动参与率随时间变化的趋势，并比较不同性别的劳动参与率差异。

从图3.5中可以看出，美国的劳动参与率在1991～2022年期间先上升后下降，在2000年左右达到高峰，参与率在65%左右，随后开始下降，在2022年降为62%左右。男性的劳动参与率呈现出稳步下降的趋势，从初期的75%左右减少到不足70%，而同时女性的劳动参与率不断攀升，从56%增长到近60%的峰值，随后开始小幅下降。

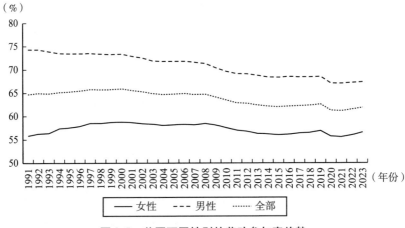

图3.5　美国不同性别的劳动参与率趋势

资料来源：国际劳工组织。

图3.6显示，我国的劳动参与率在1991年达到了近80%的较高水平，之后逐年下滑，近年来已经下降到70%以下。在1991～2022年期间平均值为73.4%，其中历史最高值出现于1991年，达78.9%，而历史最低值则出现于2020年，为66.02%。男性的劳动参与率更高，但呈现逐渐下降的趋势。女性的劳动参与率在经历了20世纪80年代和90年代的上升后，也开始逐渐下降。

4. 劳动生产率（labor productivity）

劳动生产率是指单位劳动力创造出的经济价值或产出水平。它衡量了劳动力的效率和生产力水平。较高的劳动生产率通常表示劳动力利用更加高效，反映了劳动力的技能水平、技术进步、工作条件等因素。

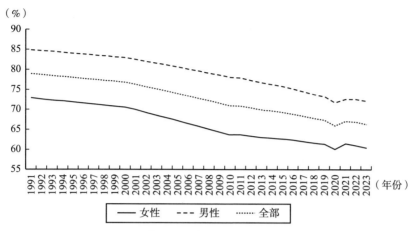

图 3.6　中国不同性别的劳动参与率趋势

资料来源：国际劳工组织。

　　劳动生产率与经济增长高度相关，从世界平均水平来看，劳动生产率增速加快时，经济增速也加快；劳动生产率增速回落时，经济增速亦减缓。劳动生产率成为决定一国经济是否具有未来增长性的标志性指标。

　　从表 3.1 和图 3.7 中所展示的 1996 ~ 2015 年数据来看，中国劳动生产

表 3.1　　　　　　　　　　中国劳动生产率水平及增长率

年份	劳动生产率（美元／人）	劳动生产率增长率（%）
1996	1535	8.9
1997	1652	7.6
1998	1772	7.3
1999	1885	6.4
2000	2018	7
2001	2172	7.6
2002	2347	8.1
2003	2561	9.1
2004	2801	9.4
2005	3088	10.3
2006	3459	12

续表

年份	劳动生产率（美元/人）	劳动生产率增长率（%）
2007	3912	13.1
2008	4290	9.6
2009	4674	9
2010	5146	10.1
2011	5586	8.6
2012	5990	7.2
2013	6423	7.2
2014	6866	6.9
2015	7318	6.6

资料来源：国际劳工组织。

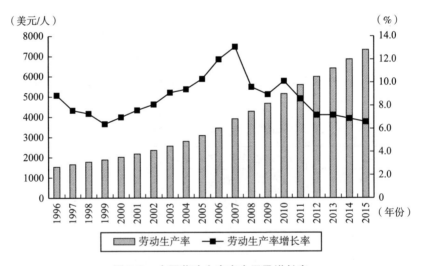

图 3.7　中国劳动生产率水平及增长率

资料来源：国际劳工组织。

率的增长变动大概呈以下几个特点。一是单位劳动产出大幅提高。1996 年，我国单位劳动产出仅有 1535 美元，此后逐年稳步提高，至 2015 年已提高到 7318 美元，增加了近 4 倍。二是劳动生产率增速较快。1996～2015 年，我国劳动生产率年平均增速为 8.6%，大大高于同期世界平均水平。尤其是在国际金融危机前的 2005 ~ 2007 年，分别比上年增长 10.3%、12% 和 13.1%，均达到了两位数的增长。三是持续增长、波动较小。1996 ~ 2015 年，我国劳动生产率持续高速增长，2007 年达到高峰，增速为 13.1%。受国际金融危机影响，近几年增速略有回落，但 2011 ~ 2015 年劳动生产率平均增速仍达 7.3%。

与世界主要经济体比较发现，美欧日等发达经济体单位劳动产出水平大大高于我国，但增速持续回落。我国虽然单位劳动产出水平较低，但增速较快。这也反映出我国经济较有活力，未来增长潜力较大。与世界、美国、欧元区、日本以及印度 1996 ~ 2015 年的劳动生产率比较发现，最近 20 年的时间里，我国劳动生产率增速是最快的（见表 3.2、表 3.3、表 3.4 及图 3.8）。

表 3.2　　　　　　世界及部分经济体劳动生产率增长率　　　单位: %

年份	世界	美国	欧元区	日本	印度	中国
1996	1.6	2	1	2.3	5.5	8.9
1997	2.3	2.6	1.7	0.8	2.4	7.6
1998	1	1.9	1.1	− 1.7	3.9	7.3
1999	1.6	2.8	1	1	6.9	6.4
2000	2.8	2.9	1.5	2.8	2.1	7
2001	0	0.9	0.9	0.3	1.2	7.6
2002	0.7	2.3	0.2	1.7	1.6	8.1
2003	1	2.3	0.2	1.8	4.4	9.1
2004	2.4	2.8	1.5	2	4.4	9.4
2005	1.6	1.5	0.6	0.9	6.9	10.3
2006	2.5	0.5	1.4	1.3	8.9	12
2007	2.4	1.4	1.1	1.3	8.8	13.1
2008	0.3	− 0.6	− 0.4	− 0.7	4.3	9.6
2009	− 2.3	1.4	− 2.7	− 4.3	8.2	9
2010	2.9	2.7	2.6	4.5	9.1	10.1
2011	1.5	0.7	1.5	0.6	6.5	8.6

续表

年份	世界	美国	欧元区	日本	印度	中国
2012	1	0.4	− 0.4	1.9	4	7.2
2013	1.3	1.8	0.4	0.6	5.4	7.2
2014	1	0.4	0.3	− 0.8	5.7	6.9
2015	1.1	0.9	0.6	0.9	5.6	6.6

资料来源：国际劳工组织。

表3.3　　　　　　　世界及部分经济体平均劳动生产率增长率　　　　单位：%

期间	世界	美国	欧元区	日本	印度	中国
1996～2015 年	1.3	1.6	0.7	0.9	5.3	8.6
1996～2007 年	1.7	2	1	1.2	4.8	8.9
2008～2010 年	0.3	1.2	− 0.2	− 0.2	7.2	9.6
2011～2015 年	1.2	0.8	0.5	0.7	5.4	7.3

资料来源：国际劳工组织。

表3.4　　　　　　　　　世界及部分经济体单位劳动产出　　　　单位：美元/人

年份	世界	美国	日本	欧元区	印度	中国
1996	14453	73880	65648	54768	1340	1535
1997	14792	75782	66174	56470	1372	1652
1998	14946	77219	65019	57809	1425	1772
1999	15180	79411	65700	59144	1524	1885
2000	15606	81720	67568	60767	1555	2018
2001	15601	82459	67759	61459	1574	2172
2002	15707	84392	68897	62105	1599	2347
2003	15864	86318	70124	62885	1669	2561
2004	16241	88776	71556	64444	1751	2801
2005	16497	90072	72209	64992	1872	3088
2006	16906	90542	73183	66391	2039	3459
2007	17310	91773	74157	68007	2218	3912

年份	世界	美国	日本	欧元区	印度	中国
2008	17359	91242	73637	67745	2314	4290
2009	16963	92560	70477	64946	2503	4674
2010	17449	95069	73631	66586	2731	5146
2011	17711	95724	74108	67559	2909	5586
2012	17883	96062	75510	67083	3024	5990
2013	18107	97748	75958	67164	3189	6423
2014	18285	98116	75376	67867	3370	6866
2015	18487	98990	76068	68631	3559	7318

资料来源：国际劳工组织。

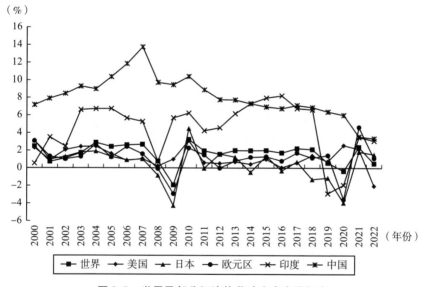

图3.8　世界及部分经济体劳动生产率增长率

资料来源：国际劳工组织。

　　1996～2015年，我国劳动生产率平均增速为8.6%，比世界平均水平高7.3个百分点，明显高于美国1.6%的水平，比增速较快的印度也高3.3个百分点。印度的劳动生产率增长特点与我国相近，但增长水平低于我国。1996～2015年，印度劳动生产率增速平均为5.3%，比世界平均水高 4 个百分点。发达经济体中，美国劳动生产率增速大幅回落。美国劳动生产率在危机前相对稳定，1996～2007 年平均为 2%，不仅高于世界平均水平也大大高于其他发达国家；但 2011～2015 年仅为 0.8%，比危机前下降了一半多。日本劳动生产率增速低、波动大。

1996～2015 年，日本劳动生产率增速仅为 0.9%，比世界平均水平低 0.4 个百分点，属于较低的增长水平。由于日本经济外向度较高，日本劳动生产率增长波动与世界经济波动密切相关，1997 年的亚洲金融危机、2008 年的国际金融危机均导致日本劳动生产率负增长。欧元区劳动生产率增长波动受多种因素影响。除受世界经济波动的影响外，还受欧元区成员国持续增加、经济发展程度参差不齐等影响。

尽管我国的劳动生产率增长较快，但仍然与世界平均水平和发达国家水平存在着一定的差距。表 3.4 展示了世界及部分经济体单位劳动产出的水平，我们可以看到，在 2015 年，我国的单位劳动产出不足世界平均水平的一半，不足美国的十分之一。可以预期，我国劳动生产率将在未来较长时间内保持较快增长，提升的空间仍然较大，主要因素如下。

（1）经济结构不断优化。近年来，我国经济结构不断调整，经济增长的动力逐渐由传统产业向主要依靠新技术、新产品为代表的新产业、新业态、新模式转变。随着具有更高生产效率的新经济行业的涌现、发展与壮大，劳动力配置结构将不断得到优化，进而促进劳动生产率的提高。

（2）人才红利逐渐显现。一方面，目前我国劳动年龄人口平均受教育年限达到 10 年左右，高于世界平均水平，新增劳动力平均受教育年限达到 13 年左右，接近中等发达国家平均水平；另一方面，我国的教育模式正逐步完善，正逐步从以获取知识为主，向强调创新思维的素质教育模式转变，这有利于未来我国劳动生产率的持续增长。

（3）创新驱动作用日益增强。近年来，我国经济发展更加强调质量效益，坚持把改革创新摆在经济社会发展的重要位置，重心放在通过全面深化改革进一步解放生产力、发展生产力上，增强国家的科技实力及向现实生产力转化的能力，把经济增长转到主要依靠科技进步和管理创新的轨道上来，大众创业、万众创新蔚然成风，已经并将继续取得明显成效，这有利于持续提高我国劳动生产率。

（4）劳动力市场逐步完善。近年来，随着我国经济体制改革的逐步深入，政府不断完善就业机制，市场机制在我国劳动力资源配置中的作用越来越明显，这有利于提升劳动力供给与行业需求间的匹配度，使低生产率部门的剩余劳动力更顺利地向高生产率部门转移，也有利于就业的自由选择，实现劳动力资源更加有效的配置，从而提高劳动生产率。

综上所述，就业率、失业率、劳动参与率和劳动生产率四个指标是经济学家常用的工具，用于分析和评估劳动力市场的情况、劳动力供求关系、就业机会和劳动力效率等方面的问题。通过监测和比较这些指标的变化，可以对劳动力市场的趋势和表现进行评估和研究。

除此之外，我国人力资源和社会保障部还会公布更加全面细致的劳动力市场月度数据，主要统计指标包括年初至当月累计城镇新增就业人数、城镇失业人员再就业人数、就业困难人员就业人数，逢季度末还会报告城镇登记失业率。在国家统计局网站可以查询就业人员和工资的年度数据，主要统计指标包括经济活动人口数、按三次产业分就业人员数、按城乡分就业人员数、按经济类型分城镇就业人员数、按行业分国有单位（城镇集体单位、其他单位）就业人员数、工资总额和平均工资、城镇登记失业人数及失业率。国家统计局自 2009 年以来开展覆盖 31 个省区市和省会城市的月度劳动力调查。自 2013 年 4 月起，覆盖面扩大到 65 个城市，调查样本城镇约 8.5 万户，乡村约 3.5 万户。根据此调查数据可以计算月度失业率指标，但国家统计局并未对外公布。为准确反映全国农民工规模、流向、分布等情况，国家统计局 2008 年建立农民工监测调查制度，在农民工输出地开展季度监测调查。调查范围是全国 31 个省（自治区、直辖市）的农村地区，在 1527 个调查县（区）抽选了 8906 个村和 23.7 万名农村劳动力作为调查样本。而为准确反映在新型城镇化建设中农民工在城镇就业生活、居住状况和社会融合等基本情况，国家统计局 2015 年建立农民工市民化监测调查制度。调查范围是全国 31 个省（自治区、直辖市）的城镇地域，随机抽取了 4.08 万户进城农民工样本，每年 10 月开展年度调查。在国家统计局网站季度数据中可以查询农村外出务工劳动力人数以及月平均工资，国家统计局每年 4 月份会发布农民工监测调查报告。

3.3 失业率的分类与衡量

接下来，我们来详细介绍失业率的分类与衡量。失业率是指劳动力中没有工作而又在寻找工作的人所占的比例，失业率的波动反映了就业的波动情况。当就业率下降时，由于工人被解雇，失业率上升。一般地，失业率在经济衰退期间上升，在经济复苏期间下降。从图 3.9 可以看到，1982年美国的失业率上升到近 10%，1989 年降到了 5%，1992 年再次上升至近8%，1995 年又降到 6% 以下。

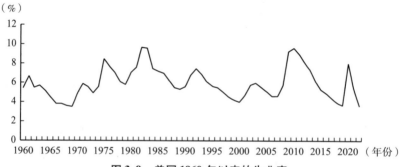

图 3.9　美国 1960 年以来的失业率

资料来源：国际劳工组织。

失业可以分为三大类型：摩擦性失业、结构性失业和周期性失业。每种失业类型都有不同的原因，也会产生不同的经济和社会成本。

1. 摩擦性失业

劳动力市场的功能就是将可选的工作和工人匹配起来。如果所有的工作和工人都一样，或者工作和工人的集合是静态、不变的，那么匹配过程将会非常迅速和容易。但是现实世界更为复杂。实际生活中，工作和工人都是异质的。对不同的工作而言，其地点、技术要求、环境和时间以及其他很多方面都有差别。对不同的工人而言，其职业理想、技能和经验、偏好的工作时段、出差的意愿等也不同。

现实中的劳动力市场也是动态的，它在不断地发展、变化。在劳动力市场的需求方，技术革新、全球化以及消费者口味的变化都会创造新的产品、新的企业甚至新的行业，同时淘汰过时的产品、企业和行业。在这种大变动下，新工作不断出现，一些旧的工作消失了。现代经济中的劳动力大军也是动态的。人们在不断地移动、学习新技能，为了照顾孩子或者回到学校继续学习而暂时离开劳动者大军，有的甚至改变了职业。

因为劳动力市场是异质和动态的，所以工人和工作的匹配过程经常要花费很多时间。与不同工作和工人的匹配过程联系在一起的短期失业被称为摩擦性失业。摩擦性失业特点是行业广、涉及人员多、失业期限比较短。例如，一名软件工程师在北京的互联网企业失去或辞去了工作，她需要花费几周甚至几个月的时间去寻找一份合适的工作。在寻找过程中，她很可能要考虑软件发展的其他领域，甚至会彻底换一份更有挑战的新工作。她也可能考虑去国内其他软件公司的所在地，如上海或深圳。在寻找工作的那段时期，她将被列为失业者。

摩擦性失业的成本比较低，甚至是负的。也就是说，摩擦性失业可能产生经济效益。首先，摩擦性失业是短期的，因此它的心理成本和直接经济损失非常低。其次，寻找工作的过程最终使工人和工作更为匹配，所以摩擦性失业实际上是积极的，它将会在长期促进生产率的提高。事实上，一定数量的摩擦性失业对于迅速变化中的动态经济的顺利运行可能是必要的。

2. 结构性失业

失业的第二种主要类型是结构性失业——即使在经济正常运行时也会存在的长期的、经常性的失业现象。一些因素导致了结构性失业。首先，技能缺乏、语言障碍或歧视使一些工人找不到稳定的长期工作。不断迁移的农场工人和低技能的建筑工人会不时地找一些短期的暂时性工作，而不会长期从事某种特定工作，他们就符合经常性失业的定义。

其次，有时经济改革会使一些工人的技能与已有工作之间产生长期不匹配的现象。由于产业结构等不断变化，原有工作不断消失，新的工作不断产生，转换工作需要时间，如随着电商和外卖发展，出现了快递员和送餐骑手等职业，而很多线下实体店关闭，导致了一些销售人员失业。再比如钢铁行业不断衰落，而软件行业迅速成长。从理论上说，失去工作的销售人员和钢铁工人应当能在快递送餐和软件公司找到新工作（人员流动性），因此他们的失业性质应当被归入摩擦性失业。但是实际生活中，很多原销售人员和钢铁工人缺乏教育、能力或在其他行业工作的非常必要的兴趣。由于市场不再需要他们的技术，这些人员将会陷入经常性或长期性失业。

最后，结构性失业还可能来源于劳动力市场本身的结构性特征，这些特征成为就业的阻碍。例如工会组织和最低工资法则，它们都可能使工资高于市场出清的水平，造成失业。

结构性失业的成本比摩擦性失业高得多。因为结构性失业的工人在长期中产出很低，他们的空闲对自己和社会而言都会产生大量的经济损失。结构性失业的工人没有在工作中培养新技能的机会，同时现有的技能又因为闲置不用而逐渐退化，而且工人面对长期失业时的心理问题比面对短期的摩擦性失业时更为严重。

3. 周期性失业

失业的第三种类型发生在衰退时期（产出异常低的时期），被称为周期性失业。图 3.9 中的失业高峰反映的就是衰退时期出现的周期性失业。尽管这种失业相对比较短暂，但它却是与实际 GDP 的显著下滑紧密相关的，因此经济成本相当高。

原则上，摩擦性失业率、结构性失业率和周期性失业率加在一起构成了总失业率。实际中，不同失业类型之间的区别并不是非常明显，因此，将总失业率分解成三种失业类型的做法都是比较主观的和不精确的。

从失业的时长来看，长期失业者比短期失业者更值得关注。短期失业，比如说失业半年内，这很可能是摩擦性失业，这是劳动市场不可避免的情况，因为个人求职与企业职位匹配必然有一个时间过程。

但半年以上，特别是更长时间的失业则不一样。按照国际劳工组织定义，长期失业人员是指所规定的求职持续时间达到或超过 12 个月；美国劳工统计局将长期失业人员定为持续失业 27 周。长期失业会造成很多问题，包括个人技能退化、信心降低，进入劳动市场找工作更加困难。由于长期失业比短期失业的危害更大，也更需要政府更加关注，制定更为有效的应对措施。

由于摩擦性失业的普遍性和不可避免性，宏观经济学家认为，经济社会在任何时期总存在一定比率的失业人口。为此，定义自然失业率为经济社会在正常情况下的失业率，它是劳动市场处于供求稳定状态时的失业率，这里的稳定状态被认为是既不会造成通货膨胀也不会导致通货紧缩的状态。为了更好地理解自然失业率，下面给出一种自然失业率的表示方式。

设 N 代表劳动力，E 代表就业者人数，U 代表失业者人数，则有 N = E + U，相应地，失业率为 U/N。假定劳动力总数 N 不变，并重点考察劳动力中的人数在就业与失业之间的转换。

记 l 代表离职率，即每个月失去自己工作的就业者比例；f 代表就职率，即每个月找到工作的失业者的比例。

容易理解，如果失业率既没有上升也没有下降，换句话说，如果劳动市场处于稳定状态，那么，找到工作的人数必定等于失去工作的人数。而找到工作的人数是 fU，失去工作的人数是 lE，因此，劳动市场达到稳定状态的条件就是：

$$fU = lE$$

又因为 E = N − U，上式变为：

$$fU = l(N - U)$$

解得：

$$U/N = \frac{l}{1 + f}$$

上式给出的失业率就是自然失业率，因为在正常时期失业率是稳定的。上式表明，自然失业率取决于离职率 l 和就职率 f。离职率越高，自然失业率越高；就职率越高，自然失业率越低。上述公式的另一个意义在于，给出了一种估计自然失业率的方法。

与自然失业率相联系的一个概念是自然就业率，其含义是与自然失业率相对应的就业率，即充分就业量除以劳动力总量所得到的比率。按照这一界定，显然，一个经济的自然失业率与自然就业率之和为100%。这意味着知道两者中的一个，就可以推知另一个。从这个意义上说，自然失业率和自然就业率两者是一回事。

自然失业率不仅在理解充分就业和潜在产量（或充分就业产量）方面发挥作用，也在理解宏观经济学和宏观经济政策方面发挥着重要作用。

此外，根据统计口径的不同，我们还可以将失业率分为登记失业率和调查失业率等。

1. 登记失业率

登记失业率，也叫城镇登记失业率，这是我国特有的失业统计指标，是城镇登记失业人数占期末城镇从业人员总数与期末实有登记失业人数之和的比重。城镇登记失业人员指有非农业户口，在劳动年龄内，有劳动能力，无业而要求就业，并在当地就业服务机构进行求职登记的人员。

登记失业的好处很多，与领取失业救济与低保补助密切相关，还会安排参加各种就业培训，帮助再就业。统计登记失业率更多的是劳动社会保障部门从社会保障的角度出发，对城镇无业者提供帮助，跟劳动社会保障部门的工作职能结合得更密切一些，登记失业率与劳动力市场的供需变化关系并不大。

但登记成功需要一些条件，比如需要城镇户口，需要确认有劳动能力，需要符合劳动年龄，需要缴纳过一定时间的失业保险。因此，登记失业率不足以反映真实的失业情况。所以后来，国家统计局慢慢采用了更主流的"调查失业率"统计方法。

劳动力调查制度起源于二战后的美国。20世纪30年代的经济大萧条，导致25%的人失业，从而引起了政府的高度关注。在此背景下，产生了基于住户的劳动力调查制度，以及相关的就业和失业测量和统计，后来，这套制度被联合国国际劳工组织推广至世界各国。

我国是在1996年建立城镇劳动力调查制度的。1992年，我们的大学生才开始双向选择，即引入市场化就业机制，在此之前都是包分配，简称"统包统配"，这个阶段并没有"失业"的概念，统称为"待业"。1996年国内开始借鉴国际经验，在国际劳工组织的帮助下，建立了劳动力试调查制度。

此后，我们经历了几个重要节点：2005年起，正式组织实施每年两次全国劳动力调查制度，2009年，建立31个大城市月度劳动力调查制度，2016年，将上述两项劳动力调查整合，建立了全国月度劳动力调查。

2. 调查失业率

调查失业率，是指通过劳动力调查或相关抽样调查推算得到的失业人口占全部劳动力（就业人口和失业人口之和）的百分比。计算方法为：调查失业率＝失业人口/（失业人口＋就业人口）×100%。

2018年政府工作报告首次将城镇调查失业率列为国民经济和社会发展的预期目标，同年4月起，国家统计局每月定期发布全国城镇调查失业率，为贯彻以人民为中心的发展思想、加强宏观经济调控和实施就业优先政策发挥了基础性作用。

我国调查失业率数据来源于全国月度劳动力调查。这项调查采用分层、多阶段、与住房单元数成比例的抽样方法，先在全国范围内随机抽取居（村）委会，再在抽中的居（村）委会内采用随机等距抽样方法抽取调查户。全国每月调查样本约34万户，基本覆盖我国所有地级市和县级地区。按现有抽样设计，在90%的置信度下，全国城镇调查失业率的相对误差小于2%，即如果推算的城镇调查失业率为5%，则真实失业率有90%的把握在4.9%~5.1%之间。

在每月特定时间内，调查员使用电子终端（PAD）前往抽中的调查户采集就业失业信息，并通过联网直报系统直接将数据上报到国家统计局。国家统计局对报送的数据进行加权汇总，推算得到全国和各省城镇调查失业率。

调查失业率反映了一定时期内劳动力市场的供需状况，是政府判断经济形势、改进宏观调控和制定就业政策的重要依据，其高低受经济结构、经济周期、人口结构、收入和社会保障水平等多方面因素的影响。一般而言，失业人口增加或就业人口减少导致失业率上升时，对民生改善和社会稳定都有直接的负面影响，世界上大多数国家都把稳定就业、降低失业率作为宏观经济政策的核心目标。调查失业率作为与经济增长率、物价指数和国际收支平衡状况并行的四大宏观经济指标之一，对监测宏观经济运行和反映就业失业状况具有重要作用。

然而调查失业率同样并不完美，比如说统计指标设计不完整，失业统计只包含城镇失业人员。而农业人口、自我雇佣者、家庭劳动者、地下劳动者、临时工、隐性失业人口，统统没有统计在内。这在一定程度上会影响数据的准确性。

在美国，失业率的统计也经常遭到挑战和质疑。因为调查统计时，那些非自愿缩短工时而造成的半失业，和因为找不到工作而放弃觅职的"失望工人"，也都是不被统计在内的。如果算上这些隐性失业人口，美国劳工统计局的失业率数据，也会有很大出入。由此可见单纯的失业率数字，并不能真实完整地反映失业现状，并且它经常陷入统计陷阱。而一旦失业率的数据失真，就会引发错误的行政决策。

城镇调查失业率反映了包括进城农民工在内的所有城镇常住人口就业状况。在使用这一指标时，应注意以下情况。

（1）城镇调查失业率受多种因素影响，不宜作为考核就业工作的依据。失业率高低受经济发展、人口流动、社会保障、就业政策和社会文化等多方面因素影响，就业政策作为影响因素之一，很难完全抵消其他因素尤其是经济波动对就业影响，因此不宜将城镇调查失业率作为就业工作的考核依据。

（2）城镇调查失业率指标不宜层层分解。失业率是宏观经济指标，主要作用是为财政政策、货币政策和就业政策等宏观调控政策提供依据。由于劳动力在省内各市县间的流动相对频繁，失业率指标对地市和县（区）层级的意义不大。

（3）不能追求过低的失业率。如果失业率长期过高，大量劳动力闲置浪费，将导致经济增长下降，失业人员工作技能退化，贫富差距扩大，低收入群体生活困难，甚至影响社会稳定。但如果失业率过低，后备劳动力不足，也将导致企业招工困难，用工成本过高，影响经济长期发展，同时造成劳动者竞争意识下降，影响工作技能提升。

（4）经济增速和失业率走势没有必然规律。一般情况下，经济增速加快，失业率下降，经济增速下降，失业率上升，但这一规律并非普遍适用。如果技术进步导致劳动力需求下降，虽然带动经济增速加快，但失业率反而会上升；如果经济结构向吸纳就业能力更强的服务业优化升级，虽然经济增速有所减弱，但失业率也会出现下降。

图3.10展示了从2018年1月到现在，中国城镇调查失业率的波动情况。可以看到失业率一般稳定在5%左右，在2020年的2月达到了6.2%，在2022年4月达到6.1%，这两个月份正是疫情影响范围最大的时期。从2022年4月之后，中国的调查失业率趋势总体波动向下，目前连续3个月维持在5.1%，达到了近一年半以来的低点。

图3.10 中国城镇调查失业率

资料来源：国家统计局。

接下来，我们将构建一个分析劳动力市场均衡的基本框架，从劳动力需求和供给的视角来探讨影响就业和失业的因素。

3.4 劳动力市场的均衡

3.4.1 劳动力需求

首先考虑，在每个给定的工资水平下，是什么决定了雇主想雇用工人的数量，即劳动力需求。正如我们可以预见的，劳动力的需求取决于劳动力的生产率和产出的市场价格这两个因素。工人越多产，生产的产品与服务价格越高，在每个给定的工资水平下，雇主愿意雇用的工人就越多。

表3.5展示的是从事计算机生产与销售的花粉通信公司的产出与雇用的工程师数量之间的关系。表中的第（1）栏展示的是花粉通信公司雇用技术人员的几种可能选择。第（2）栏展示的是不同雇员数量下，该公司每年能够生产的通信设备数量。工程师越多，花粉通信公司的通信设备年产量就越高。为了简便起见，假定工程师用于生产计算机的厂房、设备和原材料的数量都是固定的。

表3.5 花粉通信公司的生产和边际产量

工程师数 （人）	通信设备年产量 （台）	边际产量 （台）	边际产值/年/工程师（元） （按每台通信设备3000元计算）
0	0	0	0
1	75	75	225000
2	144	69	207000
3	207	63	189000
4	264	57	171000
5	315	51	153000
6	360	45	135000
7	399	39	117000
8	432	33	99000

第（3）栏显示的是每个工程师的边际产量，即增加一个工程师所获得的额外产出。每增加一个工程师对总产量的贡献要比前一个工程师少。随着工程师投入的增加，边际产量会减少，这被称为劳动力收益递减。劳动力收益递减原理说明，如果使用的资本和其他投入品的数量固定，则劳动力雇用的数量越多，每位增加的工程师对产量的贡献越少。

劳动力收益递减原理的经济基础是机会成本递增原理，又称低果先摘原理。公司的管理者想按照尽可能多产的方式来使用投入品。因此，当雇主拥有一个工程师时，他会把这个工程师指派到最多产的工作上。如果他雇用了第二个工程师，他会把这个工程师指派到第二多产的工作上。第三个工程师将被指定到第三多产的工作上，依此类推。如表 3.5 所示，被雇用的工程师数量越多，增加额外一个工程师带来的边际产量就越低。

如果花粉通信公司的每台通信设备售价 3000 元，则表中的第（4）栏就是每个工程师的边际产值。工程师的边际产值是这个工程师为公司带来的额外收入。具体地说，每个花粉通信公司的工程师的边际产值等于每个工程师的边际产量（以额外产出来表示）乘以产品的价格（这里为每台通信设备 3000 元计算）。现在我们已经拥有了花粉通信公司对工程师需求的所有必要的信息。

设想我国市场上通信工程师的年薪为人民币 180000 元。花粉通信公司的经理意识到，这是行业内所有竞争对手支付的工资水平，因此他们不可能以低于此水平的价格招聘到所需的工人。那么，花粉通信公司会雇用多少名工人？当工资水平为人民币 150000 元/年时，情况又如何？

花粉通信公司只有在工程师的边际产值（即工程师为公司创造的额外价值）超过其工资时才会考虑雇用。在市场上，通信工程师的年薪为 180000 元。从数据分析可见，前三位工程师的边际产值均超过 180000 元。对于花粉通信公司而言，雇用这些工程师是盈利的，因为他们为公司创造的额外收益超过了支付的工资。然而，第四位工程师的边际产值仅为 171000 元。如果花粉通信的管理层雇用了第四位工程师，他们将为 171000 元的额外产值支付 180000 元的工资，这显然是不划算的。因此，在工资为 180000 元时，花粉通信会雇用 3 名工程师。

如果市场上通信工程师的年薪降至 150000 元，情况就会有所不同。这时，第四位工程师的边际产值为 171000 元超过了他的工资，因此应当雇用他，因为他为公司创造的额外价值超出了工资 21000 元。第五位工程师的边际产值为 153000 元，比工资多 3000 元，也应当被雇用。但第六位工程师的边际产值仅为 135000 元，雇用他则不会带来利润。因此，在工资为 150000 元/年的情况下，花粉通信公司的劳动力需求量为 5 名。

企业支付的工资越低，越愿意雇用更多的工人。因此，劳动力的需求和其他产品或服务的需求相似，都是随着价格（这里是指工资）的下降，需求上升。图 3.11 展示的是一条假想的某企业或行业的劳动力需求曲线，纵轴是工资水平，横轴是就业数量。其他因素相同时，工资越高，企业或者行业需要的工人就越少。

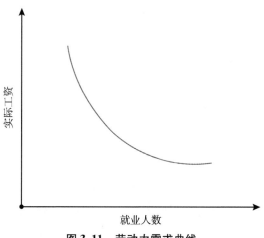

图 3.11　劳动力需求曲线

到目前为止，我们已经讨论了基于名义（或者说以人民币衡量）工资的劳动力需求。考察实际工资通常更有价值，实际工资反映了工资的购买力，我们会暂时将总价格水平保持恒定，这样名义工资的变化就反映了实际工资的变化。

3.4.2　劳动力供给

劳动力的供给方是工人和潜在的工人。在任意一个给定的实际工资水平下，潜在的劳动提供者必须决定他们是否愿意工作。在每个工资水平下所有愿意工作的人就形成了劳动力的供给。

你会选择与同学去踢球，还是留在家里做家务？

原本计划与同学在足球场上挥洒青春汗水，却因家里突如其来的家务需要而可能要推迟。尽管球场上的竞技和团队精神更令人心潮澎湃，

但这些突降的家务责任是否值得你去承担呢？

除非是出于对家庭责任感的驱动，否则你是否决定留下来帮忙很可能会取决于家人给予的回报。如果家人只是象征性地表示感谢，给予10元或20元人民币的奖励，而你并不急需这笔钱，你可能宁愿选择足球场上的激情澎湃。但假如家人为了让你留下来做家务而愿意支付500元人民币（用一个极端的例子来说），这时你可能就会考虑牺牲踢球的乐趣来完成家务。在这10元到惊人的500元之间，一定有一个金额，在这一点上你会开始考虑放弃足球去承担家务。这个金额就是你的劳动力的保留价格——当回报达到这个水平时，你对是否完成家务持无所谓的态度。

从经济学的角度来看，这是一场成本与收益的权衡。你放弃与同学们踢球的机会成本（你本可以享受的团队协作和运动的喜悦），加上你在家里可能面对的不太愉快的家务劳动。在衡量这些成本时，你可能会问自己："我至少需要得到多少钱，才愿意放弃球场上的时光来做家务？"这个你心理上能接受的最低报酬就是你的保留价格。而做家务的收益，可以用你获得的报酬来衡量——也许那足够你去购买一双心仪已久的足球鞋。只有当家人给的报酬（做家务的收益）超过了你的保留价格（你的时间和劳动的成本）时，你才会决定留下来完成家务。

在这个例子里，工资越高，你越愿意提供劳动。换成总人口也是一样的道理。当然，人们工作是有很多理由的，包括自我满足感、提高技术和才能的机会，以及与其他工人相处的机会。但是，对于多数人来说，收入仍然是工作的主要驱动力，因此，实际工资越高，他们越愿意牺牲其他可用的时间来工作。工资越高，人们越愿意工作的事实体现为向上倾斜的劳动力供给曲线，见图3.12。

个人劳动力供给是指在某一特定的工资水平或工资率下，一位劳动者愿意提供的工作小时数。个人劳动力供给的最主要影响因素是工资率或工资水平，在经济学中一般指小时工资率或小时工资水平。劳动者可利用的除正常睡眠时间外的所有时间划分为工作时间和闲暇时间两部分。

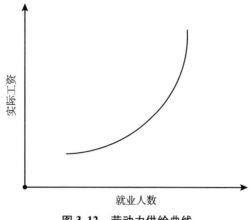

图 3.12 劳动力供给曲线

从理论上来说，工资率上升对于个人劳动力供给决策会产生两个方面的作用。

1. 收入效应

工资率的上升会导致劳动者减少工作时间而增加闲暇时间的消费。在其他条件不变而工资率下降时，收入效应导致的是劳动力供给时间的增加，从而减少闲暇时间的消费。

2. 替代效应

工资率上升使人们享受闲暇时间的成本更高了，人们将更多的时间用到工作上，增加劳动力供给。工资率下降时，替代效应导致的是劳动力供给时间的减少。

3. 收入效应与替代效应

工资率上涨对劳动力供给产生的收入效应和替代效应是作用方向相反的。当工资率上升时，收入效应大于替代效应，则劳动供给时间减少。收入效应小于替代效应，则劳动供给时间增加。

4. 非劳动收入与个人偏好

对个人的劳动力供给数量产生影响的其他因素包括以下两个方面。非劳动收入是指个人在不参加工作的情况下能够获得的收入。如遗产及其他馈赠、资本利息等，个人非劳动收入或财富总量越大，劳动者的劳动力供给动机越弱。偏好闲暇的人比偏好工作的人更不愿意增加劳动力供给。

3.4.3　劳动力市场均衡

所谓劳动力市场均衡，是指在某一市场工资率下，劳动力需求正好等于劳动力供给这样一种状况。此时的工资率即为均衡工资率或市场出清工资率，在这一工资率下通过市场实现的就业量即为均衡就业量。

如图 3.13 所示在任何高于 W_0 的工资率下（如 W_2 时）都会存在过度的劳动力供给，因为较高的工资率既会减少企业的劳动力需求数量，也会增加愿意供给的劳动力数量。在自由竞争的劳动力市场上，这种工资率不会持久，因为失业工人的存在将会对工资率产生一种向下挤压的力量。当然，工资率也不会长久地低于 W_0，如处于 W_1 状态，因为工资率为 W_1 时，劳动力需求超过劳动力供给，存在劳动力短缺的问题，企业为得到足够的劳动力，将不得不提高工资，直到 W_0。我们可以断定，在特定的劳动力供给曲线、劳动力需求曲线和竞争性的劳动力市场下，将有且仅有一个单一的工资率，这个工资率就是经济中的均衡工资率。

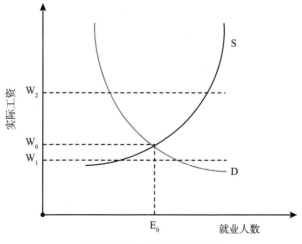

图 3.13　劳动力市场均衡

劳动力市场均衡的意义主要表现在三个方面：使劳动力资源得到最优分配；同质的劳动力获得同样的工资；使经济社会实现充分就业。

（1）劳动力需求曲线移动对均衡位置的影响。当劳动力供给曲线不变，均衡工资率和就业量均随需求曲线右移而上升；反之，劳动力需求曲线左移时，均衡工资率和均衡就业量同时下降。

（2）劳动力供给曲线移动对均衡位置的影响。在劳动力需求曲线不变，劳动力供给曲线右移时，均衡工资率会下降，而均衡就业量却会上升。劳动力供给曲线左移时，则会导致均衡工资率上升和均衡就业量下降。

（3）劳动力供求曲线同时移动对劳动力市场均衡的影响结果取决于两种力量的对比。比如，人口和劳动力的增加一方面会在平均消费水平不变的情况下引起消费品需求总量的上升，即产品需求量上升导致对生产产品的劳动力需求增加，使劳动力需求曲线右移；另一方面，人口和劳动力数量的增加又必然使劳动力供给总量增加，劳动力供给曲线整体右移。但是在劳动力需求和劳动力供给同时扩大的情况下，劳动力市场均衡的位置是不确定的。结果取决于两种力量的对比：当劳动力需求曲线右移幅度更大时，均衡工资率上升。当劳动力供给曲线右移幅度更大时，均衡工资率下降。

3.4.4　劳动力市场非均衡及其影响因素

我们首先来看一下劳动力需求方可能遇到的摩擦力，其包括以下两个方面。

（1）企业并非必须支付市场通行工资率。①不仅会向员工支付工资，而且会提供福利以及其他一些员工认为有价值的报酬因素。②会有意提供高于（而不是等于）市场通行工资水平的工资率，即效率工资。③政府颁布最低工资立法等方面的法律法规，一定程度上阻止了企业根据劳动力市场均衡工资率来支付与市场工资水平相当的工资。④工会通过集体谈判迫使企业将工资水平确定在高于市场通行工资率的水平上。

（2）企业并非可以自由调整雇用量。①企业在雇用劳动者和解雇员工的过程中都需要支付很多成本，包括搜寻成本和筛选成本，以及雇用劳动者之后的培训成本，所以企业不可能随意自由调整雇用量。②解雇员工的做法可能会被视为对员工的不公平对待，从而影响企业未来在市场上招募员工的能力，甚至会损害留用员工的生产率。③政府的法律法规会对企业的雇用和解雇工作产生外在制约。

接下来我们来总结劳动力供给方可能遇到的摩擦力，其包括以下两个方面。

（1）劳动者并非可以零成本自由流动。①劳动力流动是有成本的，不仅包括寻找就业信息的成本，而且包括因为离开原来的雇主而失去的很多经济或非经济收益。②转换工作往往还涉及一些在原来企业学习到的技能失效，需要重新接受培训，从而掌握新的技能产生新的成本。

（2）劳动者对工资率的反应并非极其敏感。①当劳动者雇主所支付的工资水平低于市场水平的时候，他们往往也不会马上辞职，而会不断权衡，确保不会因为两份工作之间出现空档而失去工资性报酬这种经济来源。②工资水平并非劳动者唯一的考虑因素，福利水平、交通便利程度、企业的地理位置、能否满足照顾家庭的需要等，也是劳动者的重要考虑因素。③在现实中存在明显的工资刚性或工资黏性现象。

3.5　我国的劳动力资源与市场

当前，我国经济已进入高质量发展阶段。在新的经济形势下，我国劳动力市场正在发生深刻变革，随着人口老龄化进程加快，劳动力供给不仅增速下降，规模也开始出现减少；随着人工成本不断上升，过去长期依赖的劳动力比较优势逐渐减弱。眼下，我国经济面临持续下行压力，外部经济环境挑战增多，尤其是受新冠疫情冲击，投资、消费、出口拉动增长和带动就业能力下降，给一些地区和领域的就业带来负面影响。随着经济结构调整和产业转型升级，劳动力供求结构性矛盾更加突出，一方面沿海地区招工难、用工荒和技工短缺的局面没有得到有效缓解，另一方面大学毕业生人数不断创新高，农民工等群体就业质量有待提高，城镇就业压力依然存在。随着全球新一轮科技革命和产业变革浪潮的到来，一些传统劳动密集型就业岗位受到冲击，一些职业面临新的机遇和挑战，一些行业对人力资本要求进一步提高。

3.5.1 我国劳动力供给特征

近年来，我国就业形势总体向好，城镇单位新增就业每年以千万规模保持增长，就业规模不断扩大。以 2013～2019 年为例，城镇新增就业人数连续几年保持在 1300 万人以上。从总量看，我国的部分群体还存在就业压力，但就业总量已经不是劳动力市场的主要矛盾，就业的结构性风险大于总量风险。当前，劳动力供不应求成为常态，表现为：一是适龄劳动人口不断下降，劳动力供给规模进一步减少；二是劳动力需求持续增长，市场监测求人倍率长期保持在 1 以上；三是中等、高等教育扩张延缓推迟了适龄劳动人口进入就业市场，青年劳动参与率有所降低。

从人口角度看，近年来我国人口变动出现"三低"和"三化"特征，"三低"是指低出生率、低死亡率和低自然增长率，"三化"是指老龄化、少子化和农村空心化。劳动力供求呈现"五降一升"特点，其中，"五降"是指人口增速下降、适龄劳动人口下降、劳动力人口下降、劳动参与率下降和就业人数下降，"一升"是指求人倍率上升。

随着我国劳动力供求结构性矛盾日益突出，劳动力供给质量亟待提升。其中，就业的结构性矛盾主要表现为城乡、区域、产业、群体及劳动力供给质量等方面。城乡就业结构性矛盾主要在于农村劳动力技能水平不适应现代产业发展要求，城市基本公共服务不适应接纳亿万农民向市民转变等方面。沿海地区劳动力成本攀升，内地劳动力比较优势显现，劳动力由过去的"孔雀东南飞"变为随产业向中西部转移和返乡回流。以高校毕业生、农民工等为代表的重点群体就业压力仍处高位，技能素质与岗位需求不匹配问题突出。一方面，企业反映招工难，一线普通工人也面临短缺；另一方面，高校毕业生屡创新高，就业压力持续加大。

长期看，随着我国老龄化进程的加快和生育率的走低，我国适龄劳动人口将继续减少，劳动力供给规模持续下降。同时，不同年龄人口的劳动参与率也将继续下降，根据发达国家的经验，在后工业化时期有可能下降到50%以下。在劳动年龄人口总量减少和总抚养比上升的情况下，通过人力资本投资加快培育人口质量红利是现实目标。

3.5.2　我国劳动力需求特征

从需求端看，经济增速放缓，就业增长会下降，但就业规模仍会不断扩大。改革开放以来，我国经济呈现很长一段时期的高速增长，经济总量每增长一个百分点所创造的就业规模并不相同，经济总量越大，每个百分点带动的就业规模越大。比如，2019年国内生产总值增长一个百分点，就业岗位的创造就要比十年前多。因此，我国经济增长速度虽然放缓，并不意味着就业就会出现大规模下降。由于我国经济存量、市场规模不断扩大，经济产业结构具有多样性，可以预期我国就业岗位需求规模仍将不断扩大。

我国目前仍处于工业化中后期阶段，不少部门还处于产业链的中低端，市场中增加的岗位大部分是一线普通工人和服务人员，行业也多分布在制造业、服务业等劳动密集型行业。但是，近年来我国人工智能、互联网和自动化技术快速发展，一些企业加快推进"机器换人"，一些重复性、流程性和安全风险高的岗位开始大规模自动化，对低技能劳动力的需求多转向普通操作工、一线客服、物流快递等对受教育和技能要求相对较低的岗位。随着我国产业加速向中高端迈进，生产性服务业、互联网经济等领域中的一些新岗位会成为吸纳就业的主力。

在实体经济领域，2019年我国工业企业用工下降，制造业城镇单位就业人员不断减少，从业人员在行业间的分布出现了新变化，逐渐由传统的原材料制造、高耗能行业向先进制造业转移，反映了制造业转型升级、结构调整取得成效。与此同时，以网络经济、平台经济等为代表的新兴服务业创造了大量新就业岗位，吸纳了大量劳动力。

技术进步是影响我国就业的重要变量。历次产业革命经验表明，技术进步会对就业产生"替代效应"，通过淘汰旧的生产方式，在短期内会对就业产生明显的破坏。同时，广义的技术进步也会带来就业的"创造效应"，随着新技术大规模应用，将带来生产率的提高和新产品及中间产品的扩张，会创造新的就业岗位。综合来看，只要生产扩张带来的就业"创造效应"大于技术进步带来的"替代效应"，就不会出现大规模失业问题。

📖 小结

劳动力资源一般指年龄处于适合参加劳动的阶段，作为生产者统计的人口，也被称为劳动适龄人口或劳动人口。将满足劳动年龄的人口分为劳动力和非劳动力，劳动力是指在经济活动中从事生产和创造价值的人力资源的总称，其中包括就业人口和失业人口。

就业失业相关的指标会反映劳动力资源在市场是否充分利用的状况。好的就业或失业指标的变化会成为劳动力市场的"晴雨表"，或者说是"温度计"，它能够为政府相关政策制定提供科学依据。常见的劳动力市场衡量指标包括就业率、失业率、劳动参与率、劳动生产率等。

失业可以分为三大类型：摩擦性失业、结构性失业和周期性失业。每种失业类型都有不同的原因，也会产生不同的经济和社会成本。从不同的统计口径看，失业率可以分为登记失业率、调查失业率等。

劳动力市场均衡，是指在某一市场工资率下，劳动力需求正好等于劳动力供给这样一种状况。此时的工资率即为均衡工资率或市场出清工资率，在这一工资率下通过市场实现的就业量即为均衡就业量。

我国经济已进入高质量发展阶段。在新的经济形势下，我国劳动力市场正在发生深刻变革，随着人口老龄化进程加快，劳动力供给不仅增速下降，规模也开始出现减少；随着人工成本不断上升，过去长期依赖的劳动力比较优势逐渐减弱，面临新的机遇和挑战。

延伸阅读

青年失业率

1. 整体数据

根据 2020 年第七次人口普查统计结果，2020 年我国总人口 14.1 亿人，其中 16~24 岁人口共计 1.3 亿人，按抽样 10% 比例推算，全国就业人口约 6.56 亿人，16~24 岁就业人口约 4632 万人，其中 16~19 岁就业人口约 770 万人，20~24 岁就业人口约 3861 万人。与非在校人数 5900 万人相较，失业率约为 21.6%，但考虑到非在校人数中包括非劳动力人口，因此这一失业率存在较为明显的高估。

2. 群体拆分

（1）年龄拆分。图 3.14 反映了 16~24 岁人口失业率和 25~59 岁失业率的变化。可以看到，在青年失业率屡创新高时，25~59 岁人口的失业率在 2023 年 6 月仅为 4.1%，达到了该口径出现以来的最低值。

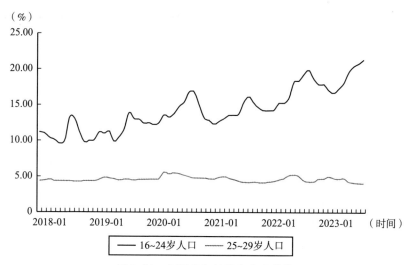

图 3.14　中国分年龄的失业率趋势

资料来源：国家统计局。

（2）学历拆分。图 3.15 反映了四类学历人口从 2023 年 2 月到 6 月的失业率变化。不难发现，初中及以下学历、高中学历的失业率，在近几个月出现了明显下降。大专学历的失业率也呈现稳中有降的趋势。唯一保持失业率上升趋势的，正是本科及以上学历的人口。

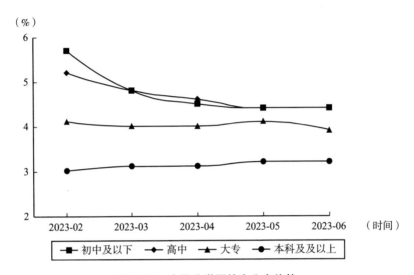

图 3.15　中国分学历的失业率趋势

资料来源：国家统计局。

综合上述两张图的特征，不难做出这样一种推断：总体失业率的下降，和青年失业率的上升，两者同时存在可能并不矛盾，而是反映了宏观经济波动的背景下，就业市场的结构性问题，即经济波动中，似乎在就业市场上受伤的主要是高学历的青年人。

3. 现象分析

表 3.6 是 2023 年 7 月的招聘广告统计得到的教育—经验要求分布，从表中可以看到，招聘数量最多的教育—经验组合，是 1~3 年经验的大专学历劳动者，其次是有 3~5 年经验的本科学历劳动者，以及 1~3 年经验的本科学历劳动者，和 3~5 年经验的大专学历劳动者。合并起来看，对经验在 1~5 年的大专或本科学历劳动者的需求，占据了所有招聘岗位的 66% 左右。

表 3.6　　　　2023 年 7 月招聘职位对教育者学历和经验的要求分布　　　单位: %

教育/经验	无需经验	1 年以下	1~3 年	3~5 年	5~10 年	10 年以上
初中及以下	0.41	0.22	0.19	0.06	0.00	0.00
中专/中技	0.65	0.35	2.26	0.35	0.05	0.01
高中	0.62	0.40	1.90	0.38	0.06	0.01
大专	2.02	1.60	20.53	10.63	3.46	0.23
本科	2.44	1.05	16.40	18.35	11.50	1.04
硕士	0.26	0.21	1.02	0.63	0.53	0.08
博士	0.03	0.00	0.01	0.03	0.03	0.00

资料来源: 根据国家统计局、智联招聘和中华英才网等网站数据整理。

16~24 岁的高学历青年人口，包括没有经验或者是仅有 1 年以下经验的本科或硕士的劳动者。这部分岗位，占全社会当月总招聘的 3.96%，不到 4%。

对比历史数据，如表 3.7 所示，2021 年 7 月，16~24 岁的高学历青年人口，包括没有经验或者是仅有 1 年以下经验的本科或硕士学位的劳动者，占总招聘的 5.56%。对年轻高学历人口的招聘占所有招聘的比例从 2021 年 7 月到 2023 年 7 月减少了 29%。如表 3.8 所示，2018 年 7 月，16~24 岁的高学历青年人口，包括没有经验或者是仅有 1 年以下经验的本科或硕士学位的劳动者的比例高达 8.2%。对年轻高学历人口的招聘占所有招聘的比例，从 2018 年 7 月到 2021 年 7 月减少了 32%。

表 3.7　　　　2021 年 7 月招聘职位对教育者学历和经验的要求分布　　　单位: %

教育/经验	无需经验	1 年以下	1~3 年	3~5 年	5~10 年	10 年以上
初中及以下	0.21	0.26	1.31	0.23	0.11	0.00
中专/中技	0.98	0.97	4.33	0.90	0.11	0.01
高中	0.28	0.34	1.16	0.25	0.05	0.00
大专	2.58	2.99	28.58	11.55	3.02	0.28
本科	3.74	1.48	13.91	11.09	5.96	0.63
硕士	0.18	0.16	0.52	0.58	0.18	0.03
博士	0.00	0.00	0.01	0.00	0.00	0.00

资料来源: 根据国家统计局、智联招聘和中华英才网等网站数据整理。

表 3.8 　　　　2018 年 7 月招聘职位对教育者学历和经验的要求分布　　　单位：%

教育/经验	无需经验	1 年以下	1~3 年	3~5 年	5~10 年	10 年以上
初中及以下	1.95	1.17	0.26	0.09	0.00	0.00
中专/中技	1.78	0.56	3.95	2.77	0.05	0.01
高中	5.79	0.81	4.85	0.35	0.13	0.01
大专	6.09	2.49	20.89	6.82	2.60	0.32
本科	6.13	1.99	10.83	10.29	6.04	0.23
硕士	0.07	0.01	0.37	0.15	0.10	0.02
博士	0.00	0.00	0.00	0.00	0.00	0.00

资料来源：根据国家统计局、智联招聘和中华英才网等网站数据整理。

如图 3.16 所示对年轻、高学历但是没有经验的劳动力的需求不断下降，但对年轻、高学历、有经验的劳动力需求增加了。从 2018 年到 2023 年，所有岗位的平均经验需求，从 2.42 年上升至 3.41 年，几乎上升了整整一年。给学历很高但没有经验的年轻人留下的位置，越来越少了。

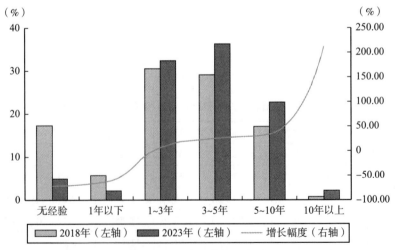

图 3.16　岗位经验需求变化

资料来源：根据国家统计局、智联招聘和中华英才网等网站数据整理。

4. 原因分析

总体失业率和青年失业率背离的重要的结构性原因：市场仍然需要劳动力，对高学历劳动力的需求也还在增加，但越来越看重工作经验，对没有经验的高学历青年劳动力需求反而在下降。

如图 3.17 所示 2015～2023 年，教育的回报率始终在下降。在 2015 年时，招聘广告的教育需求每增加一年，该职位提供的工资上升超过 8%。2018～2021 年，每增加一年教育需求，工资上升的幅度下降到 5%。这个上升的速度到 2022 年、2023 年再进一步下降至 2%～3%。与此同时，经验的回报率却呈现上升趋势，2015 年时，招聘广告每要求多一年工作经验，会提供 5% 左右的工资上升。这个数字在 2019 年后上升至 8%～9%。

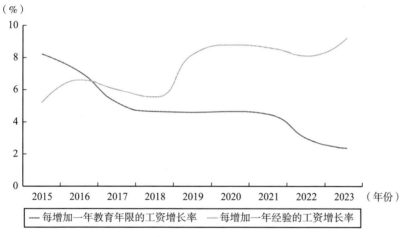

图 3.17　年限增加对应的工资增长率

资料来源：根据国家统计局、智联招聘和中华英才网等网站数据整理。

如果将招聘广告提供的工资理解为劳动力市场上的一个均衡价格，图 3.17 上的两条线代表的正是教育和经验分别对于劳动生产率提高起到的作用。

教育回报率下降，开始低于经验的回报率，说明企业与其选择一名学历很高但是没有经验的劳动者，宁愿选择学历相对低一些，但是经验更丰富的劳动者，企业不再依赖学历选择人才了。这种现象，可以称为

"学历信号的消失"。

当学历逐渐失去了信号作用的时候，年轻的高学历劳动者，如果不"卷"，便会在劳动力市场上逐渐失去他们的位置。这批人中的大多数当然最终还是能够找到工作的，但是正在被抛下的人们不断增加，这正是青年失业率逐年增高所反映的现实。

第4章

货币政策的原理与案例分析

货币政策是指由中央银行或货币当局实施的，主要通过控制货币供给和利率进而影响经济活动和物价水平的行动。货币政策的主要目标包括：稳定物价：防止通货膨胀或通货紧缩，保持一定的价格稳定。经济增长：通过调整利率和货币供给，刺激或抑制经济活动，以促进经济增长。充分就业：通过影响经济活动，尽可能多地提供就业机会。国际收支平衡：保持国内与国际的支付平衡，防止出现严重的贸易逆差或顺差。

4.1 理论基础：货币市场供给与需求分析

4.1.1 货币供给

货币供给是指一个经济体中的货币总量。它是由中央银行和商业银行共同决定的。

中央银行对货币供给的影响：中央银行是货币政策的制定者和执行者，它通过调整基础货币供给量（包括硬币、纸币和商业银行在中央银行的存款）以及调整商业银行的存款准备金率，影响货币供给。调整基础货币供给量：中央银行可以通过公开市场操作（购买或卖出政府债券）、贴现率政策（降低或提高商业银行借款的利率）以及直接借款和还款，来调整基础货币供给量。调整存款准备金率：准备金是商业银行必须在中央银行存放的资金，其量取决于商业银行持有的存款量。中央银行可以通过调高或降低准备金率（即商业银行必须存放的准备金比例），来影响商业银行的信贷创建能力，从而影响货币供给。

商业银行对货币供给的影响：商业银行是货币创造的主体，它们通过接受存款和发放贷款，增加了货币供给。银行对存款的部分储备和部分贷款的政策，使得每一单位的基础货币可以创造出多单位的货币供给。这就是所谓的货币乘数效应。

4.1.2 货币需求

货币需求是指经济体系中对货币的需求总量，其主要决定因素包括：收入水平：收入水平提高，消费增加，货币需求也会增加。价格水平：价格水平提高（即通货膨胀），购买同样数量的商品需要更多的货币，因此货币需求增加。利率：利率提高，借款成本增加，投资和消费减少，货币需求减少。预期通货膨胀率：预期通货膨胀率提高，人们预期未来物价会上涨，可能会提前消费，增加现在的货币需求。

4.1.3 货币市场均衡

货币市场均衡是指货币供给和货币需求达到平衡的状态。在货币市场上，利率通常作为调整货币供给和需求的工具。如果货币供给超过货币需求，利率会下降，借款成本减少，投资和消费会增加，从而增加货币需求；反之，如果货币需求超过货币供给，利率会上升，借款成本增加，投资和消费会减少，从而减少货币需求。通过这种方式，货币市场最终会达到均衡。

在货币政策中，中央银行经常设定一个目标利率，并通过调整货币供给来实现这个目标利率，以此来影响经济活动。总的来说，货币供给和需求的决定因素是多方面的，包括中央银行和商业银行的货币政策，以及经济主体的收入水平、价格水平、利率和预期通货膨胀率等。理解这些决定因素，可以帮助我们更好地理解货币市场的运行机制，以及货币政策对经济的影响。

4.2　货币政策的工具与实施

4.2.1　总体划分：价格型货币政策与数量型货币政策

货币政策可以分为价格型货币政策和数量型货币政策。

价格型货币政策，也被称为利率政策，是中央银行通过设定短期利率（如联邦基金利率或重新贴现率）来影响经济活动。当中央银行希望刺激经济时，它可能降低利率，使得贷款更便宜，鼓励企业和消费者增加支出。反之，当中央银行希望控制通胀，它可能会提高利率，使得贷款更昂贵，从而压低支出。价格型货币政策通常是中央银行的首选工具，因为利率是金融市场的关键价格，并且可以通过金融市场迅速传递到整个经济。

数量型货币政策，也被称为货币供应政策，是中央银行通过直接影响货币供应量来影响经济活动。例如，中央银行可能会购买政府债券，这会增加银行体系的准备金，进而增加货币供应量。或者，中央银行可能会卖出政府债券，这会减少银行体系的准备金，进而减少货币供应量。数量型货币政策在某些情况下可能被使用，例如在零利率下限或严重的金融危机情况下。

4.2.2　常规货币政策三大工具

中央银行实施货币政策主要有三种工具：公开市场操作、存款准备金率和贴现率政策。

（1）公开市场操作：公开市场操作是指中央银行在开放市场上买卖政府债券。当中央银行购买债券时，它会向银行体系注入流动性，从而增加货币供应量并降低利率。反之，当中央银行卖出债券时，它会从银行体系中抽取流动性，从而减少货币供应量并提高利率。

（2）存款准备金率：存款准备金率是指商业银行必须在中央银行或自己保持的部分存款的比例。当中央银行提高存款准备金率时，商业银行可用于贷款的资金就会减少，从而减少货币供应量并提高利率。反之，当中央银行降低存款准备金率时，商业银行可用于贷款的资金就会增加，从而增加货币供应量并降低利率。图4.1展示了针对大型与中小金融机构的商业银行法定存款准备金率的历史演进。

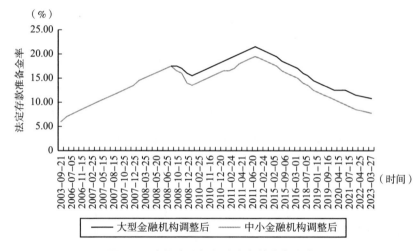

图4.1 中国商业银行法定存款准备金率

资料来源：中国人民银行。

（3）贴现率政策：贴现率是中央银行向商业银行提供短期贷款的利率。当中央银行提高贴现率时，商业银行借款的成本就会增加，这可能会使得商业银行减少贷款，从而减少货币供应量并提高利率。反之，当中央银行降低贴现率时，商业银行借款的成本就会降低，这可能会使得商业银行增加贷款，从而增加货币供应量并降低利率。

各种货币政策工具的选择和使用取决于中央银行的目标、当前的经济环境和具体的市场条件。通常，公开市场操作是中央银行最常用的工具，因为它可以直接影响市场利率，操作灵活，可以实时调整。而存款准备金率和贴现率政策通常被视为辅助工具，用于在特定情况下调整银行体系的流动性。

4.2.3　新型货币政策

中国人民银行新型货币政策具体有以下7个方面，如表4.1所示。

（1）常备借贷便利（SLF）：中国人民银行于2013年初创设了常备借贷便利（Standing Lending Facility，SLF）。常备借贷便利是中国人民银行正常的流动性供给渠道，主要功能是满足金融机构期限较长的大额流动性需求。对象主要为政策性银行和全国性商业银行。期限为1~3个月。利率水平根据货币政策调控、引导市场利率的需要等综合确定。常备借贷便利以抵押方式发放，合格抵押品包括高信用评级的债券类资产及优质信贷资产等。

（2）中期借贷便利（MLF）：为保持银行体系流动性总体平稳适度，支持货币信贷合理增长，中央银行需要根据流动性需求的期限、主体和用途不断丰富和完善工具组合，以进一步提高调控的灵活性、针对性和有效性。2014年9月，中国人民银行创设了中期借贷便利（Medium-Term Lending Facility，MLF）。中期借贷便利是中央银行提供中期基础货币的货币政策工具，对象为符合宏观审慎管理要求的商业银行、政策性银行，可通过招标方式开展。

中期借贷便利采取质押方式发放，金融机构提供国债、央行票据、政策性金融债、高等级信用债等优质债券作为合格质押品。中期借贷便利利率发挥中期政策利率的作用，通过调节向金融机构中期融资的成本来对金融机构的资产负债表和市场预期产生影响，引导其向符合国家政策导向的实体经济部门提供低成本资金，促进降低社会融资成本。

表 4.1　中国人民银行 2013～2022 年新型货币政策介绍

名称	时间	操作方式	目的	对象	质押品	期限	2023 年 6 月余额
常备借贷便利（SLF）	2013 年初	金融机构主动发起，中央银行与金融机构一对一交易	满足特定金融机构的大额流动性需求，解决中小金融机构流动性需求	政策性银行、全国性商业银行	国债、央行票据、政策性金融债、高等级信用债等优质债券	1～3 个月	34.8 亿元
中期借贷便利（MLF）	2014 年 9 月	中央银行定向提供中期基础货币	提供流动性的同时发挥中期政策利率的作用，引导商业银行降低贷款利率和社会融资成本	商业银行、政策性银行	国债、央行票据、政策性金融债、高等级信用债等优质债券	3 个月，到期可能会重新约定利率并展期或续贷	51910 亿元
抵押补充贷款（PSL）	2014 年 4 月	央行定向发放，以同业存款的形式分批提取使用	实现央行短期利率控制，对中长期利率水平进行引导和掌握	商业银行	高信用评级的债券类资产以及优质资产贷资产	期限较长，最长可达 5 年	29896 亿元
短期流动性调节（SLO）	2013 年 1 月	央行主动操作超短期回购	平抑短期货币利率大幅波动风险，向公开市场一级交易商注入流动性	公开市场一级交易商中部分金融机构	无	7 天以内	
定向中期借贷便利（TMLF）	2018 年 12 月	中央银行定向提供中期基础货币	加大对小微企业、民营企业的金融支持力度	商业银行	国债、央行票据、政策性金融债、高等级信用债等优质债券	1 年期，可使用 3 年，操作利率比 MLF 优惠	包含在 MLF 中

续表

名称	时间	操作方式	目的	对象	质押品	期限	2023年6月余额
直达实体经济的货币政策工具	2020年3月	央行再贷款资金，通过特定目的工具与地方法人银行签订利率互换协议或信用贷款支持计划合同的方式，向地方法人银行提供资金	鼓励地方法人银行对普惠小微企业贷款，促进疫情期间实体经济复苏	地方法人银行（信用贷款支持计划合同主要面向经营状况较好的）		期限1年	27.7万亿元
结构性货币政策工具	2022年8月	央行通过提供再贷款或资金激励的方式，支持金融机构加大对特定领域和行业的信贷投放	央行引导金融机构信贷投向，发挥好货币政策工具的总量和结构双重功能	不同领域工具对象是不同的金融机构		分长期和阶段性	6.87万亿元

资料来源：中国人民银行。

（3）抵押补充贷款（PSL）：为支持国家开发银行加大对"棚户区改造"重点项目的信贷支持力度，2014 年 4 月，中国人民银行创设抵押补充贷款（Pledged Supplemental Lending，PSL）为开发性金融支持棚改提供长期稳定、成本适当的资金来源。抵押补充贷款的主要功能是支持国民经济重点领域、薄弱环节和社会事业发展而对金融机构提供的期限较长的大额融资。抵押补充贷款采取质押方式发放，合格抵押品包括高等级债券资产和优质信贷资产。

（4）短期流动性调节（SLO）：短期流动性调节工具，作为公开市场常规操作的必要补充，在银行体系流动性出现临时性波动时相机使用。公开市场短期流动性调节工具以 7 天期以内短期回购为主（Reverse REPO），操作在 7 天期等品种工具之后，继续构建隔夜等超短期品种，作为指引市场基准利率的努力，为利率市场化进程打下更好的基础，但未作为优先的常规性制度安排。遇节假日可适当延长操作期限，采用市场化利率招标方式开展操作。人民银行根据货币调控需要，综合考虑银行体系流动性供求状况、货币市场利率水平等多种因素，灵活决定该工具的操作时机、操作规模及期限品种等。

该工具原则上在公开市场常规操作的间歇期使用，操作对象为公开市场业务一级交易商中具有系统重要性、资产状况良好、政策传导能力强的部分金融机构，操作结果滞后一个月通过《公开市场业务交易公告》对外披露。业界普遍认为，短期流动性调节工具的即时启用，预示着正、逆回购将成为人民银行调节流动性的主流工具，使其在流动性调控上更趋精准，此举也意味着未来存款准备金率的使用频率将减少甚至逐渐淡出。

（5）定向中期借贷便利（TMLF）：为加大对小微企业、民营企业的金融支持力度，中国人民银行决定创设定向中期借贷便利（Targeted Medium-Term Lending Facility，TMLF），根据金融机构对小微企业、民营企业贷款增长情况，向其提供长期稳定资金来源。支持实体经济力度大、符合宏观审慎要求的大型商业银行、股份制商业银行和大型城市商业银行，可向中国人民银行提出申请。定向中期借贷便利资金可使用三年，操作利率比中期借贷便利（MLF）利率优惠 15 个基点。

（6）直达实体经济的货币政策工具：包括普惠小微企业贷款延期支持工具和普惠小微企业信用贷款支持计划。受疫情影响，中小微企业普遍出现资金周转困难的问题。为缓解中小微企业贷款的还本付息压力，人民银行会同银保监会出台了中小微企业贷款延期还本付息的政策，最长可延期至 2020 年 6 月 30 日。2020 年《政府工作报告》提出，中小微企业贷款延期还本付息政策再延长至 2021 年 3 月 31 日，其中对普惠小微企业贷款"应延尽延"，对其他困难企业贷款协商延期。也就是说，2020 年年内到期的普惠小微企业贷款，均可以享受一次延期还本付息。只要普惠小微企业在申请延期的同时承诺保持就业岗位基本稳定，银行即对普惠小微企业贷款本息进行延期，做到"应延尽延"。之前已经享受过展期政策的贷款也可以享受这一政策。预计延期政策可覆盖普惠小微企业贷款本金约 7 万亿元。

为了鼓励地方法人银行对普惠小微企业贷款"应延尽延"，人民银行创设普惠小微企业贷款延期支持工具，提供 400 亿元再贷款资金，通过特定目的工具（SPV）与地方法人银行签订利率互换协议的方式，向地方法人银行提供激励，激励资金约为地方法人银行延期贷款本金的 1%，预计可以支持地方法人银行延期贷款本金约 3.7 万亿元，切实缓解小微企业还本付息压力。①

为缓解小微企业缺乏抵押担保的痛点，提高小微企业信用贷款比重，人民银行创设普惠小微企业信用贷款支持计划，提供 4000 亿元再贷款资金，通过特定目的工具（SPV）与地方法人银行签订信用贷款支持计划合同的方式，向地方法人银行提供优惠资金支持。信用贷款支持计划主要面向经营状况较好的地方法人银行。最近一个季度央行金融机构评级为 1~5 级的地方法人银行可申请信用贷款支持计划。对于符合条件的地方法人银行于 2020 年 3 月 1 日至 12 月 31 日新发放的期限不少于 6 个月的普惠小微企业信用贷款，人民银行通过信用贷款支持计划，按地方法人银行实际发放信用贷款本金的 40% 提供优惠资金，期限 1 年。支持计划惠及的普惠小微企业要承诺保持就业岗位基本稳定。预计信用贷款支持可带动地方法人

---

① 资料来源：https：//www.gov.cn/xinwen/2020－06/03/content_5516893.htm。

银行新发放普惠小微企业信用贷款约 1 万亿元，切实缓解小微企业融资难问题。[1]

（7）结构性货币政策工具：我国的结构性货币政策工具是人民银行引导金融机构信贷投向，发挥精准滴灌、杠杆撬动作用的工具，通过提供再贷款或资金激励的方式，支持金融机构加大对特定领域和行业的信贷投放，降低企业融资成本。结构性货币政策具体包括：①人民银行按照"先贷后借"模式向金融机构提供资金，而非直接向企业发放贷款。金融机构按照市场化、法治化原则自主向企业发放贷款、管理台账，之后向人民银行申请再贷款或激励资金，人民银行按贷款发放量或余额增量的一定比例向金融机构发放再贷款或提供激励资金。②由行业主管部门确定支持的领域或行业范围。依托国家发改委、科技部、工信部、生态环境部、交通运输部、国家能源局等行业主管部门的产业基础，运用金融部门现有统计制度或建立专门台账，明确贷款支持的领域或行业范围，发挥各自优势、形成政策合力。③建立事后核查和纠错机制。行业主管部门联合金融部门事后随机抽查，审计监督和社会监督事后跟进，如果发现金融机构贷款台账超出支持范围，将采取递补台账差额、收回再贷款等措施，避免金融机构违规套取再贷款资金。

新型货币政策，主要分为以下 3 类：①长期性工具和阶段性工具。长期性工具主要服务于普惠金融长效机制建设，包括支农支小再贷款和再贴现。阶段性工具有明确的实施期限或退出安排，除支农支小再贷款和再贴现之外的其他结构性货币政策工具均为阶段性工具。②总行管理的工具和分支行管理的工具。人民银行总行管理的主要是阶段性工具，特点是面向全国性金融机构、"快进快出"，确保政策高效落地、及时退出。阶段性工具中除普惠小微贷款支持工具之外均为总行管理的工具。分支行管理的主要是长期性工具，如支农支小再贷款和再贴现，也有阶段性工具，如普惠小微贷款支持工具，特点是面向地方法人金融机构，确保政策贴近基层和普惠性。③提供再贷款资金的工具和提供激励资金的工具。提供再贷款资金的工具要求金融机构先对特定领域和行业提供信贷支持，人民银行再根

---

[1]　资料来源：https：//www.gov.cn/xinwen/2020 − 06/03/content_5516893.htm。

据金融机构的信贷发放量的一定比例予以再贷款资金支持，结构性货币政策工具中除普惠小微贷款支持工具之外均采取这一模式。提供激励资金的工具要求金融机构持续对特定领域和行业提供信贷支持，人民银行再根据金融机构的信贷余额增量的一定比例予以激励资金，目前普惠小微贷款支持工具采取这一模式。

值得注意的是，虽然这些工具在理论上都可以用来影响货币供应和市场利率，但在实践中，其效果可能受到很多因素的影响，包括金融市场的结构、商业银行的行为、投资者的预期等。因此，中央银行在使用这些工具时需要持续监测市场情况，根据实际情况进行调整。

4.2.4　非常规货币政策

在一些特殊的经济环境下，例如在零利率下限或严重的金融危机情况下，传统的货币政策工具可能会失效或效果降低。在这种情况下，中央银行可能会采取非常规货币政策。这些政策可能包括量化宽松政策、信贷宽松、负利率政策等。

（1）量化宽松政策（Quantitative Easing，QE）。量化宽松政策是中央银行直接购买长期资产，如政府债券和企业债券，以增加货币供给并降低长期利率。这通常在短期利率接近零时发生，也就是所谓的零利率下限（ZLB）。通过这种方式，中央银行可以继续刺激经济，即使短期利率已经无法进一步降低。这种政策第一次被广泛应用是在 2008 年的全球金融危机中，当时美国联邦储备系统、欧洲央行和其他一些中央银行都实施了量化宽松政策。

作为特殊经济环境下的非常规货币政策，量化宽松与常规的货币政策存在一定的差异。首先，在货币政策最终目标方面，有别于常规货币政策的"物价稳定、充分就业、经济增长和国际收支平衡"，量化宽松货币政策的最终目标主要包括金融稳定以及物价稳定。因为量化宽松政策主要应用于金融市场剧烈波动、严重通货紧缩的背景下，其目的在于稳定市场秩序，恢复市场信心，而不是刺激经济。同时量化宽松也旨在摆脱通货紧缩，实现物价稳定。其次，在货币政策中介目标方面，量化宽松因政策操作而异。日本 2001 ~ 2006 年的量化宽松货币政策选择商业银行在中央银行的经常账户余额为中介目标。而美国量化宽松货币政策选择资产负债表资产方的资产组合变化为中介目标。最后，在货币政策工具方面，数量放松、预期管理及非常规公开市场业务是量化宽松货币政策主要的政策工具。

（2）信贷宽松（Credit Easing）。信贷宽松是指中央银行直接向金融机构提供信贷，以保证金融市场的流动性，并帮助金融机构继续提供贷款。这种政策通常在金融危机期间使用，当银行面临严重的信贷紧缩，无法从其他渠道获取足够的资金时。此外，信贷宽松还可以通过购买一些特定类型的资产（如抵押贷款支持证券）来提供额外的流动性。

（3）负利率政策（Negative Interest Rate Policy，NIRP）。负利率政策是指中央银行将政策利率设定为负值，意味着银行存款在中央银行的资金会面临损失。这种政策的目的是鼓励银行将更多的资金借给企业和消费者，而不是存储在中央银行。这是一种非常激进的政策工具，目前只有少数几个中央银行（如欧洲央行和日本央行）尝试过。

这些非常规货币政策在特定的经济环境下可能会非常有效，但也可能带来一些副作用，如可能会推高资产价格，导致资产泡沫，或者对银行的盈利能力产生负面影响。因此，当中央银行考虑采取这些非常规政策时，必须仔细权衡其可能带来的风险和收益。

4.3 货币政策的传导机制

中央银行制定货币政策之后，从货币政策实施到货币政策发挥作用会经历一系列传导途径，而这一传导路径和作用机理就是货币政策传导机制。货币政策传导机制是否完善，将直接影响货币政策的实施效果以及对经济的影响。

货币政策传导机制理论可以追溯到 18 世纪早期的货币数量论。由于经济背景及研究侧重点不同，学术界对货币政策传导机制理论产生了不同的观点，目前较为认可的是米什金（1995）对货币政策传导机制的分类，即利率传导渠道、货币供应量传导渠道、资产价格传导渠道、汇率传导渠道、信贷传导渠道。

4.3.1　利率传导渠道

利率传导渠道是最早提出的货币政策传导机制理论，是其他货币政策传导渠道的基础，也是凯恩斯学派的主要观点。1936 年凯恩斯在《就业、利息和货币通论》中提出，政府可以调控货币供应量，然后通过利率传导的方式刺激投资、解决失业，强调利率在经济中的核心作用。自此，利率传导渠道开始引起学术界的广泛关注。在 20 世纪 90 年代以后，西方国家中央银行相继用利率取代货币供应量作为货币政策中介目标，利率的传导作用越来越明显，成为货币政策传导的主渠道。利率传导渠道基本思路表示如下：

货币政策工具→货币供应量 M↑→利率水平 r↓→投资 I↑→总产出 Y↑

在利率传导渠道中，核心变量为利率 r。通过操作货币政策工具调节货币供应量来影响利率水平，利率水平的变动对投资产生影响，最后导致总产出的变动。利率传导渠道的传导效果取决于货币供应量对利率水平的敏感性，投资对利率水平的敏感性，即投资的利率弹性，以及投资乘数。按照凯恩斯学派的观点，当利率降低到较低水平时，由于存在"流动性陷阱"，使得货币需求变得无限大，任何货币供给的增加都会被公众所吸收，而不会引起利率的变化。同时如果某一时期投资的利率弹性很低，利率下降未必对投资规模产生显著的刺激作用，导致利率传导渠道的传导效果并不理想。

4.3.2　货币供应量传导渠道

自 20 世纪 50 年代起，凯恩斯学派的利率传导渠道开始受到货币主义的挑战。60 年代末至 70 年代初，现代货币主义学派的代表人物弗里德曼认为，利率在货币政策传导机制中不起主导作用，货币政策传导机制主要通过货币供应量的变动来影响总产出，并强调货币供应量在整个传导机制中具有决定性效果。货币供应量影响总产出的方式和途径繁多且复杂，要想将这些途径全部找出来是徒劳无益的，因而弗里德曼更倾向于从实证的角度研究货币供应量与总产出的关系，而不具体探讨货币供应量对于总产出的作用方式及传导渠道，因此也被称为货币政策传导的"黑箱理论"，即货币供应量的变动从黑箱的一端进入，总产出的变动从黑箱的另一端显示出来，但并不清楚货币政策传导的具体过程，表示如下：

货币政策工具→货币供应量 M→ 黑箱 →总产出 Y

其中以货币供应量变动通过影响支出进而影响总产出的传递方式为例，货币供应量传导渠道的基本思路可表示如下：

货币政策工具→货币供应量 M↑→总支出 E↑→投资 I↑→总产出 Y↑

当中央银行采取宽松的货币政策时，货币供应量增加，由于货币需求具有内在的稳定性，从而必然增加支出。人们会调整各自资产结构，将超过意愿持有的货币用于购买金融资产或购买实物资产。若投资金融资产偏多，金融资产价格上涨，收益相对下降，从而会刺激实物资产投资，实物资产需求增加及价格上涨会促使生产者扩大生产，最终导致总产出增加。生产规模的扩大及实物资产价格的上涨，会吸收过剩流动性，使名义货币需求量与实际货币需求量趋于平衡，实现货币均衡。所以货币供应量传导渠道不是通过利率间接地影响投资和总产出，而是由于货币供应量作用于支出，导致资产结构调整，最终引起总产出的变动。

4.3.3 资产价格传导渠道

随着金融市场的不断完善，股票在金融资产投资中的地位越来越高，其在货币政策传导过程中所起的作用逐渐引发经济学家的关注。货币政策将通过影响各种金融资产，尤其是股票的价格传导到实体经济，从而达到货币政策的最终目标。

资产价格传导渠道下主要有托宾 q 理论以及莫迪利安尼的财富效应理论。随着资本市场的快速发展，资产价格、财富效应的传导作用越来越重要，资产价格开始纳入西方国家的货币政策监控指标之中。

1. 托宾 q 理论

q 理论由美国经济学家詹姆斯·托宾于 1969 年提出，该理论揭示了货币政策通过影响股票价格进而影响投资支出的可行性。q 值定义为企业市值与其资本重置成本之比。当 q > 1 时，表明公司的股票市值高于重置成本，因此只需发行少量股票就可以获得较多新的投资品，企业投资支出将会上升。这会增加投资的需求，总产出也随之上升。当 q < 1 时，公司市值低于重置成本，投资新项目就不如收购现有资本产品更划算，减小资本需求。托宾 q 理论的货币政策传导机制表示如下：

货币政策工具→货币供应量 M↑→股票价格 P↑→q 值↑→投资 I↑→总产出 Y↑

2. 财富效应

财富效应理论由莫迪利安尼根据生命周期理论提出，是指货币政策通过货币供给的增减影响股票价格，使以股票市值表示的个人财富发生变化，从而影响其消费支出，进而影响总产出。生命周期理论认为消费支出不仅仅取决于消费者的当期收入，也取决于其终身财富。消费者的终身财富主要包含人力资本、实物资本和金融资产，其中金融资产的主要构成就是股票。因此，实施扩张性货币政策时，货币供应量增加，股票价格上升，金融资产市值上升时，消费者的终身财富也增加，进而消费增加，导致总产出增加。因此，该传导机制可表示为：

货币政策工具→货币供应量 M↑→股票价格 P↑→终身财富 W↑→消费 C↑→总产出 Y↑

4.3.4　汇率传导渠道

经济全球化进程中，汇率作为开放经济中极其敏感的宏观经济变量受到学者的广泛关注，而在开放经济及浮动汇率制度下，货币政策传导机制主要通过汇率传导渠道对净出口产生影响，最终引起总产出水平的变动。

开放经济下，一国货币供给增加，会导致本国利率下降，投资者往往会选择在外汇市场抛售本国货币、买进外国货币，使得汇率下跌，进而引发本国货币贬值，导致本国出口扩大，净出口增加，最终引起总产出水平的提升。因此，货币供给的增加可以通过净出口的增加而使总产出增加。汇率传导渠道的传导过程表示如下：

货币政策工具→货币供应量 M↑→利率水平 r↓→汇率 e↓→净出口 NX↑→总产出 Y↑

4.3.5　信贷传导渠道

信贷传导渠道最早由罗萨于 1951 年提出，是指货币政策通过影响货币供给作用于信贷的可得性，从而影响信贷供给并进一步影响投资和消费需求。由于市场完善、信息对称假设下的传统货币政策传导渠道的解释无法令人信服，20 世纪 70 年代末到 80 年代初，斯蒂格利茨和威斯在市场信息不对称的基础上提出均衡信贷配给理论，1995 年伯南克和格特勒将信贷传导渠道划分为银行信贷渠道和资产负债表渠道。

1. 银行信贷渠道

银行信贷渠道主要是指基于商业银行在金融体系中的特殊作用，中央银行采取的货币政策可以通过商业银行的信贷供给对投资产生影响。就货币政策传导而言，扩张性货币政策将增加银行准备金存款，进而拉动银行贷款。而贷款的增加将刺激投资，进而增加总产出。该传导途径可以简化为：

货币政策工具→货币供应量 M↑→银行存款↑→银行贷款↑→投资 I↑→总产出 Y↑

随着金融市场的日益健全，直接融资成本的不断降低，间接融资比重的不断下降，银行信贷对整个金融市场的反映状况越来越不全面，银行信贷渠道的传导作用会越来越小。

2. 资产负债表渠道

信贷市场上的信息不对称可能会引发道德风险及逆向选择。公司资产净值越低，道德风险及逆向选择可能性就越大。而公司资产净值的下降使道德风险及逆向选择问题更加严重，促使公司从事高风险的投资项目，使得违约概率增大导致贷款减少，进而导致投资下降。货币政策可以通过以下三种途径来影响公司的资产负债表。

一是扩张性的货币政策使股票价格上升，增加公司的资产净值。由于逆向选择和道德风险下降，使得投资增加，引起总需求上升。其传递过程为：

货币政策工具→货币供应量 M↑→股票价格 P↑→净值↑→贷款↑→投资 I↑→总产出 Y↑

二是扩张性货币政策使得名义利率降低，降低了逆向选择和道德风险，进而会改善公司的资产负债表。其传递过程为：

货币政策工具→货币供应量 M↑→利率水平 r↓→现金流↑→贷款↑→投资 I↑→总产出 Y↑

三是由于债务一般是事先确定，并且利率通常是固定的，因此通货膨胀率的增加会使债务的实际价值减少，降低企业的债务负担，然而却不会降低公司资产的实际价值。所以，货币扩张会使公司实际净资产价值增加，降低逆向选择和道德风险，从而使投资和总产出增加。即：

货币政策工具→货币供应量 M↑→未预期物价水平 P↑→净值↑→贷款↑→投资 I↑→总产出 Y↑

随着经济金融体制的改革发展，中国货币政策经历了不同的发展阶段，货币政策传导机制也不断演进。经济转轨时期，中央银行、各商业银行及企业间形成特有的委托代理关系，使得货币传导机制形成以信贷传导渠道为主，利率和汇率传导渠道相结合的局面。

货币政策传导机制过分依赖于信贷传导渠道使得中国金融市场暴露出一些特有弊端，如市场发展严重受限，货币政策缺乏灵活性，等等。1998 年中国人民银行取消对商业银行的贷款规模限制之后，信贷传导渠道仍然部分有效，而中国资产价格传导渠道仍无法与发达经济相提并论，亟待建立和完善。

对于汇率传导渠道而言，由于资本项目受到严格管制，外汇体制改革、实现人民币自由兑换的条件仍不成熟，再加上中国当前的外汇市场是一个封闭的、以银行间市场为中心同时外汇交易受到政府管制的市场体系，国内市场与外汇市场尚未建立直接联系，汇率只能通过影响国内经济从而间接影响利率。而利率作为国家间接调控主要工具的作用将逐渐加强，货币政策传导机制也将发生巨大变革，利率传导渠道将成为主要的货币政策传导途径。

4.4 我国的货币政策案例分析

根据我国目前对货币供应量的定义，我们从基础货币和货币乘数两个方面来分析我国的货币供给。由于金融发育程度不同，多国货币供应量的内涵不一致。我国目前对货币供应量的定义如下：（1）流通中的现金；（2）企业活期存款、机关团体部队存款、农村存款、个人持有的信用卡类存款；（3）城乡居民储蓄存款、企业存款中定期性质的存款、外币存款、信托类存款；（4）金融债券、商业票据、大额可转让存单等。

4.4.1 我国基础货币的影响因素

从中国人民银行的资产负债表可以推导出，基础货币存量的任何变化都是以下一种或者几种原因影响的结果：中央银行对中央政府的债权（包括政府在央行的透支和央行持有的政府债券），商业银行再贷款数量的变化和外汇储蓄存量的变化。

1. 中央银行对中央政府的债权

就中央银行对中央政府的债权来看，由于法律已禁止中央政府对中央银行进行透支，因此主要是中央银行持有的政府债权的数量变化对基础货币产生影响。我国从 1996 年 4 月开始通过公开市场操作来调控货币供应量。但由于央行和商业银行持有的政府债权量过少，通过该渠道对基础货币的影响不大。随着政府发债规模的扩大和市场发育的进一步完善，这种影响会逐渐加强。

2. 商业银行再贷款数量的变化

在 1994 年前，我国存在货币供给的"倒逼机制"，1994 年后则发生了重大的变化。1994年前，银行的信贷需求大体可分为三类：第一类是企业对贷款的商业性需求；第二类是地方政府为追求经济增长速度，争项目、争投资而形成的对政策性贷款的需求；第三类是中央政府为支持农业、外贸等产业而形成的对政策性贷款的需求。一般而言，商业性贷款要受自身收益的限制，如果不被挪用，则数量比较固定，基本上对贷款使用者不会形成有效的扩张冲动，因此其波动一般比较平稳。但政策性贷款则不同，在地方政府大量参与微观经济活动的情况下，其扩张性是非常明显的，特别是在经济高涨期，地方政府为了追求经济增长速度，争项目、争投资往往会形成对政策性贷款的大量需求，造成其急剧扩张的局面。由于商业性贷款是银行利润的主要来源，在利润目标考核驱动下，银行不会减少、反而会增加商业性贷款来抵销政策性贷款扩张的影响。

银行信贷的增加导致存款货币的增加，根据我国准备金制度的规定，银行必须相应增加存款准备金。当银行存在超额准备金时，可以自行解决准备金增加的要求，否则必须向中央银行申请增加再贷款。商业银行可以通过两种方式迫使央行增加再贷款：一种是在信息不对称的情况下，商业银行可以将央行支持政策性贷款的资金挪作他用，将资金的"硬缺口"留给中央银行。由于粮食收购、外贸、重点项目资金等政策性贷款是必须保证的，央行为保证这些政策性贷款的到位，只能以再贷款的形式向商业银行提供资金。另一种是为了支持更多的贷款，商业银行尽量压低超额准备金比率，这会对银行的安全性产生影响，但由于在当时体制下银行不会破产。因此商业银行对利润的关注远远大于对自身安全的关注。由于央行承担着维持金融秩序稳定的职能，当银行系统出现普遍的支付危机时，央行最终不得不作为最后贷款人，再贷款给商业银行，增加基础货币供给。

1994年以后，这一货币供给的"倒逼机制"趋于消失，这是由于我国的金融体制和宏观经济发生了很大变化。在金融体制方面主要成立了三家政策性银行，承担原有商业银行的政策性贷款功能，实现了政策性贷款和商业性贷款的分离。在宏观经济环境方面，主要是人民币汇率并轨，开始实行有管理的浮动汇率制度。

政策性银行的成立，将政策性业务从商业银行中剥离，从理论上讲，可以减少外部因素给商业银行造成的损失，也在一定程度上削弱了商业银行向央行"倒逼"基础货币的基础，有助于提高央行对货币供给的控制能力。但从实际运行情况看，政策性银行的成立可能并没有完全隔断政策性贷款与基础货币的联系，这主要源自政策性银行的资金来源问题。目前，中国农业发展银行的资金主要来自发行各类政策性金融债券。

资金来自再贷款必然对基础货币产生影响。而通过发行金融债券筹集资金对货币供给的影响有两种情况：一是商业银行存在超额准备金。商业银行用超额准备金购买金融债券，不会对央行基础货币的供给产生影响；但这部分超额准备金被政策性银行以贷款的形式发放出去，会提高整个金融系统的乘数。二是商业银行没有超额准备金。商业银行只有在央行通过公开市场业务操作和再贴现等手段增加基础货币供应的条件下才有资金购买金融债券。政府通过货币手段为政策性银行融通资金，这是由政策性银行"准财政"的性质决定的，特别是在政府财力不足，无法对政策性贷款进行财政贴息时，更需要央行通过货币政策执行财政政策的职能。

3. 外汇储备存量的变化

1994 年 1 月 1 日，我国实行人民币汇率并轨，开始实行有管理的浮动汇率制度。在此之后，汇率市场的一个突出特点是持续性的外汇供大于求。这一时期，央行为了保持人民币汇率的稳定，通过外汇公开操作业务入市干预，大量买入美元。1994 年 4 月至 1996 年底央行在外汇市场上累计买入外汇 923 亿美元。央行外汇资产的急剧增加必然会导致基础货币的大量投放。据统计，这一时期累计净投放人民币 7775 亿元，外汇占款成为基础货币增加的主要来源。近年来，我国外汇储备增长迅速，至 2005 年底已达到 8189 亿美元。这一因素在一定程度上导致了我国基础货币的被动增加。

4.4.2 我国货币供应过程

由于货币供应量包括通货与存款货币，货币供给的过程也分解为通货供给和存款货币供给两个环节。

1. 通货供给

通货供给通常包括三个步骤：（1）由中国人民银行（以下简称央行）下属的中国印钞造币集团印刷和铸造通货；（2）商业银行因其业务经营活动而需要通货进行支付时，便按规定程序通知央行，由央行运出通货，并相应贷给商业银行账户；（3）商业银行通过存款兑现方式对客户进行支付，将通货注入流通，供给到非银行部门手中。

通货供给的特点如下：（1）通货虽然由央行供给，但央行并不直接把通货送到非银行部门手中，而是以商业银行为中介，借助于存款兑现途径间接将通货送到非银行部门手中；（2）由于通货供给在程序上是经由商业银行的客户兑现存款的途径实现的，因此通货的供给数量完全取决于非银行部门的通货持有意愿。非银行部门有权随时将所持存款兑现为通货，商业银行有义务随时满足非银行部门的存款兑现需求。如果非银行部门的通货持有意愿得不到满足，商业银行就会因其不能履行保证清偿的法定义务，而被迫停业或破产。

上述通货供给是就扩张过程而言的，从收缩过程说明通货供给，程序正好相反。

2. 存款货币供给

商业银行的存款负债有多种类型，其中究竟哪些属于存款货币，而应当归入货币供应量之中尚无定论。但公认活期存款属于存款货币。在不兑现信用货币制度下，商业银行的活期存款与通货一样，充当完全的流通手段和支付手段，存款者可据以签发支票进行购买、支付和清偿债务。因此，客户在得到商业银行的贷款和投资以后，一般并不立即提现，而是把所得到的款项作为活期存款存入同自己有业务往来的商业银行之中，以便随时据以签发支票。这样，商业银行在对客户放款和投资时，就可以直接贷入客户的活期存款。所以，商业银行一旦获得相应的准备金，就可以通过账户的分录使自己的资产（放款与投资）和负债（活期存款）同时增加。从整个商业银行体系看，即使每家商业银行只能贷出它所收受的存款的一部分，全部商业银行却能把它们的贷款与投资扩大为其所收受的存款的许多倍。换言之，从整个商业银行体系看，一旦央行供给的基础货币被注入商业银行内，为某一商业银行收受为活期存款，在扣除相应的存款准备金之后，就会在各家商业银行之间辗转使用，从而最终被放大为多倍的活期存款。

4.4.3　我国货币供应的特点

货币供应量偏多。货币供应持续高速增长，广义货币与比值呈连续上升趋势，主要由银行贷款创造，该比率过高说明我国的信用过分集中于银行，容易积累金融风险。同时，货币供给持续快速增长令我国中长期的通货膨胀压力巨大。

我国货币供给与经济增长具有明显的正相关性，特别是 M2 与 GDP 增长的相关系数最高，但货币供给的增长滞后于经济增长，不具有服务经济的主动性。同时，我国货币供给增长率的波动性较大，导致我国的货币供给量很难准确预期，以现在的划分标准确定的 M2 不宜成为中央银行调控的对象。

4.4.4　我国的流动性过剩问题

货币的流动性是指某种资产转换为支付清偿手段或变现的难易程度，宏观经济层面常将流动性直接理解为不同层次、不同统计口径的货币信贷总量。流动性过剩的含义是指准货币的持续增加甚至扩大的状态，表明为现实的货币供给已经超过了实体经济需求。我国流动性过剩的问题逐步显现，主要表现在：（1）金融机构存、贷款增幅迅猛；（2）存贷差不断扩大；（3）贷存比不断降低；（4）M2 与 M1 的差值不断扩大；（5）对比其他国家，货币化程度过高。

流动性过剩问题如今已经成为全球性议题。美国经济显露疲软致使美联储再度迈开降息的步伐，日元长期维持零利率或者低利率，欧洲国家为阻止本币升值步伐而放慢提高利率的节奏，全球性扩张的货币政策在刺激经济复苏的同时，也积蓄了大量的流动性。受经济失衡的诱导，这些爆炸式的流动性绝大部分都流到了新兴经济体国家，我国也成为全球流动性的巨大蓄水池。然而，仅仅把流动性过剩归结为外部因素显然有失偏颇。由于独特的经济环境和金融制度，我国流动性过剩有着自己特殊的形成机理。

我国流动性过剩的原因有如下几方面。

（1）经济结构性失衡是流动性过剩的根源。表现为货币的结构性过剩和结构性短缺同时存在，货币流动性过剩和资本相对稀缺并存。我国金融市场长期存在结构失衡，投资渠道过少，储蓄存款过快增长；资金在货币市场和资本市场之间难以流通；间接融资比重过大，直接融资比重过小等。结构性问题使资金供给结构与需求结构不适应，进而导致流动性过剩。

（2）外汇占款大幅度增长。现行的结售汇和人民币汇率制度下，经常项目和资本项目的"双顺差"导致我国外汇储备、外汇占款不断攀高，对人民币升值构成了很大压力。为保持人民币汇率的相对稳定，央行不得不通过公开市场操作，向市场投入大量的流动性以冲销外汇，投入市场的基础货币过多，商业银行流动性显著增加。

（3）外部冲击的不利影响。美国、日本、欧盟全球三大经济体长时间的宽松货币政策使全球流动性过剩，并在我国出口快速增长及人民币汇率制度改革的背景下输入了我国市场。

4.5　理论延伸：货币供应外生论与内生论

4.5.1　外生论与内生论的内涵

外生变量和内生变量，是典型的计量经济学语言。如果说"货币供给是外生变量"，其含义是货币供给这个变量不是由经济因素，如收入、储蓄、投资、消费等因素所决定的，而是由货币当局的货币政策决定的。如果说"货币供给是内生变量"，就是说，货币供给的变动，货币当局的操作起不了决定性的作用，起决定作用的是经济体系中实际变量以及微观主体的经济行为等因素。

货币供给的内生性或外生性问题，是货币理论研究中具有较强政策含义的一个问题。如果认定货币供给是内生变量，那就等于说，货币供给总是要被动地决定于客观经济过程，而货币当局并不能有效地控制其变动，自然货币政策的调节作用，特别是以货币供给变量为操作指标的调节作用，有很大的局限性。如果肯定地认为货币供给是外生变量，则说明货币当局能够有效地通过对货币供给的调节影响经济进程。

4.5.2　凯恩斯的货币供应外生论

在货币的本质问题上，凯恩斯一直是一个名目主义者，他认为，货币是用于债务支付和商品交换的一种符号，这是他一直坚持国定货币论的原因之一。凯恩斯认为，货币这种符号之所以能被流通所接受，完全凭借于国家的权威，依靠国家法令规定强制流通。因此，货币是国家的创造物。在此基础上，凯恩斯提出了外生的货币供给理论。

他认为，货币供给是由中央银行控制的外生变量，它的变化影响着经济运行，但自身却不受经济因素的制约。凯恩斯指出，对于商品货币（金属货币）来说，它的生产受自然资源的限制，在绝大多数非产金国，即使投入再大的劳动力，货币供给的增长也是微乎其微；而对于管理货币或法令货币，更不是私人企业所能生产的，唯有依靠国家的权力才能发行流通。无论经济生活中对货币的需求多么强烈，货币供应都不会受他们的影响而自行变化，货币供给的控制权始终牢牢掌握在政府手中。

凯恩斯认为，公开市场业务是控制货币供给的主要手段。他曾说道，要改变货币数量，则只要公开市场政策或类似的办法就可以办到，故已在大多数政府掌握之中。在公开市场业务的具体操作上，他认为，在货币管理技术上，最切实而重要的政策是让中央银行按照一组规定的价格买卖各种期限的金边债券，而不是只依照一个银行利率买卖短期票据。

凯恩斯之所以在中央银行调节货币供给的三大法宝中如此看重公开市

场业务，是因为他认为，公开市场交易不仅可以改变货币数量，还可以改变人们对金融当局未来货币政策的预期。也就是说，公开市场业务可以产生两方面的作用：一是直接增加或减少实际的货币数量；二是通过改变公众对未来货币政策的预期，特别是改变对货币的投机需求，进而影响货币总需求，间接增加或减少货币供给的相对数量。双管齐下共同作用，使货币管理当局更有力地控制货币供应量。

4.5.3　货币主义的货币供应外生论

在现代西方货币供应理论中，货币学派的货币供给理论占有十分重要的地位。弗里德曼是倡言货币供给外生论的典型代表。弗里德曼—施瓦茨模型就是其货币供给理论的核心内容。他认为：货币供给方程中的三个主要因素—高能货币、存款与准备金比率和存款与通货比率，虽然分别决定于货币当局的行为、商业银行的行为和公众的行为，但其中，中央银行能够直接决定高能货币（H），而高能货币（H）对于存款与准备金比率（D/R）和存款与通货比率（D/C）有决定性影响。也就是说，货币当局只要控制或变动 H，就必然能在影响 D/R 和 D/C 的同时决定货币供给量的变动。在这种情况下，货币供给无疑是外生变量。弗里德曼、施瓦茨、卡甘等人利用美国大量的货币供给数据进行了全面的实证研究，为强调货币政策的可行性和有效性提供了重要的理论依据。

在确定了货币供应量是中央银行可以控制的外生变量之后，正确地确定货币供应量的增长率就成为中央银行能否控制好货币供应量最关键的问题。弗里德曼认为，正确确定货币供应量增长率需要解决好以下三个问题。

（1）如何界定货币供应指标的范围。弗里德曼认为，M0、M1、M2 都可以作为政策指标，因为不同定义的货币量的变化方向是一致的。但相比之下，他更加倾向于以 M2 为标准。

（2）如何确定货币供应的增长率。弗里德曼认为，货币增长率应与经济的增长率大体保持一致。他对美国近百年的经济资料进行实证研究，指出美国经济年平均增长率为 3%，就业年平均增长 1%～2%，因此货币供给的增长率应保持在 4%～5%，这样就可以避免经济波动，保持物价稳定，减少经济过热或通货紧缩对经济造成的危害。这就是弗里德曼强调的所谓"单一规则"的主要内容。

（3）货币供应增长率在年内或季节内是否允许波动。弗里德曼认为：调整货币供给量会将一个任意决策的因素，渗入货币的动态。货币供给的增长率，一经确定是不能任意变动的。若遇到特殊情况必须更改时，应该事先宣布并尽量缩小变动的幅度。

1982 年，弗里德曼又发表了《货币政策—理论与实践》一文，回顾总结了 1953 年以来货币政策控制指标的选择问题，进一步完善了他的单一规则的货币供给增长率理论，并提出了相应的对策建议。这成为货币学派外生货币供给理论的重要组成部分。

货币供给内生性与外生性均有各自的理论背景与研究框架。货币供给外生论者强调中央银行可以有效控制货币供给，但并不否认经济活动对货币供给会产生影响和中央银行控制货币供给的难度；内生论者强调中央银行难以控制货币供给，也并不否认中央银行货币政策完全无效。这两种观点都认为货币数量与基础货币之间存在着稳定的关系，但至于如何解释两者之间的关系却存在很大分歧。外生论者认为基础货币决定货币数量，而基础货币变动是由中央银行外在控制和决定；内生论者却认为货币数量内生决定于经济过程，基础货币只是适应于货币量的变动而做出的被动性调整。

4.5.4 托宾的货币供给新论

传统的货币供给理论都存在两个基本的假设前提：首先他们认为只有商业银行才能创造存款货币；其次活期存款是创造存款货币的主要负债形式。但 20 世纪 60 年代以来，随着经济的发展、多元化金融机构的出现和金融创新浪潮的不断兴起，货币供给机制发生了很大的变化，扰乱了中央银行货币政策的效果，以往正统的外生货币供给理论的假设前提均不成立。针对这些变化，以新古典综合派为主的一些学者提出了自己的观点，我们称之为货币供给新论。持货币供给新论的经济学家，大多采用一般均衡的方法，来分析货币供给量与利率等经济变数之间的复杂关系，以及货币供给与货币需求之间互为因果的关系。但由于观点庞杂，没有形成自己的理论体系。

货币供给新论最早出现于美国经济学家格雷（J. G. Gurley）和肖（E. S. Shaw）1955年在《美国经济评论》上发表的《经济发展中的金融问题》，此后又在两人合著的《货币金融理论》一书中进行了详细的论述，最后经托宾等人的发展完善而最终成为一种系统的货币供给理论。新论区别于其他理论的特点主要表现在以下几个方面。

1. 极为重视利率和货币需求对货币供给的影响

托宾认为，弗里德曼对于货币供给方程式的解释是不能成立的。他认为，对于货币供给与高能货币、存款与通货比率和存款与准备金比率的关系不应简单化；这三个变量及其决定因素之间存在着交叉影响关系，特别是后两个变量，常常随经济环境的变化而变动，因而不应被当成货币供给方程式中的固定参数。他指出，存款与通货比率，从实际经济运行资料看，并不是始终处于稳定的状态，而常常出现的是周期波动现象。至于存款与准备金比率的变动，他们认为，商业银行行为的独立作用是很明显的。商业银行以安全、盈利和保持流动性为经营原则，因而盈利率与风险偏好程度及与此相关的利率结构，是商业银行超额储备比率变动的重要决定因素。

银行体系创造存款货币的能力也并不完全取决于基础货币和法定存款准备金比率这些外生变量。因为只有当银行体系有足够的贷款和投资机会时，理论上推导的存款派生过程才能实现。而银行的贷款和投资机会是由经济运行状况和货币需求决定的内生变量。托宾在考察存款—通货比率和存款—准备金比率变动情况后，也指出这两个比率是由经济过程内生决定的。他认为，弗里德曼对货币供给方程的解释是不成立的，因为决定货币供给的三个变量之间交叉影响，货币乘数具有内生性，特别是在经济波动时期，存款—准备金比率基本与基础货币的变化相反，因而货币供给不应被看作中央银行可以控制的外生变量。当然，他也并不完全否认货币当局通过调节高能货币对货币供给的控制作用。

2. 强调非银行金融中介机构对货币供给的影响

第二次世界大战后，美国的各类非银行金融机构蓬勃兴起，它们的各项负债业务无论形式还是规模，都有较大的发展，打破了商业银行垄断信用市场的格局。货币供应新论的支持者认为非银行金融机构同商业银行一样，具有信用创造的功能。大量非银行金融机构在信用扩张中起着非常重要的作用。它们的存款准备金比率往往低于商业银行，一旦人们的资产选择发生变化，商业银行的存款负债就有可能转移到这些金融机构中，从而造成整个社会信用得以扩张的局面。

同时，货币供给新论认为，没有必要对活期存款与其他金融资产，商业银行与其他非银行金融中介机构做出严格的区分。理由是：（1）金融创新使其他金融机构的某些负债同活期存款一样具有支付功能，所以它们往往被人们视为货币的良好替代物。（2）其他金融机构与商业银行在吸收存款等方面的激烈竞争，会减少商业银行的准备金，从而削弱商业银行创造存款的能力。（3）定期存款和活期存款具有完全的替代弹性，新型定期存款除了具有支付手段的特点外，还可以取得收益。由于公众的灵活偏好、投资机会、预期状况等因素经常波动，活期存款与定期存款之间存在相当程度的转移性，其结果势必影响货币创造的规律。（4）商业银行未必能尽量扩张存款，因为人们对贷款和活期存款的需求是有限的；而非银行金融机构也未必没有成倍地创造其负债的能力，因为只要经济内部存在着对它的贷款需求，该类机构就可以通过存款的增加来创造出若干倍的新负债来。

3. 宏观金融控制的目标和手段应该改变

拉德克利夫支持的一项综合报告认为，任何形式的信用创造都应在控制之列，提出把信用规模作为控制的重点；把金融机构的资产流动性比率作为控制的指标；把控制银行信贷、消费信贷和股票发行作为货币政策的具体目标。他们认为，宏观金融控制的范围应该扩大，除了商业银行和活期存款外，所有金融机构的金融资产负债都应在控制之列。另外，还要对新兴的金融市场和新的交易方式实行全面的管理；控制的重点应该由原来控制货币供应量为主转移到控制信用规模上来；控制的方法应该灵活，控制货币扩张的指标也应该由单一的存款准备金率扩大到金融机构的各种资产负债比例，如资产流动性比率等；控制的途径不应是直接的而应是间接的，即中央银行通过改变货币供应量来变更利率，以此达到影响流动性，进而调节支出，控制货币总量的目的。

总之，以托宾为代表的新古典综合派从货币需求对货币供给的制约、金融创新、资产选择以及中央银行和各经济主体的行为等多角度、多层次分析了货币供给的内生性，因而货币供给新论较好地反映了经济和金融发展的现实情况。尽管其理论并不全面，但其建立的内生货币供给理论将货币的内生性和外生性研究发展到较为完善的阶段，在整个西方经济学界受到了广泛的重视。

📖 小结

在宏观经济学的探索中，货币政策是政府或中央银行影响经济活动的重要工具。通过管理货币供应量和利率水平，货币政策旨在实现价格稳定、高就业和经济增长等宏观经济目标。

本章节我们已经学习了货币政策的两种主要形式：扩张性货币政策和紧缩性货币政策。扩张性货币政策通过降低利率和增加货币供应，旨在刺激经济增长和增加就业。相反，紧缩性货币政策通过提高利率和减少货币供应，旨在抑制通货膨胀和稳定货币价值。我们也探讨了货币政策的传导机制，包括信贷渠道、利率渠道、汇率渠道和预期渠道，这些渠道描述了货币政策如何影响企业投资、消费者支出、货币价值和经济主体的预期。

通过本章节的学习，我们应当认识到货币政策是宏观经济稳定的关键，但同时，也要意识到其操作的复杂性和对经济环境的敏感性。在未来章节中，我们将继续探索货币政策与其他经济政策如财政政策的交互作用，以及它们如何共同塑造经济的宏观经济格局。

**延伸阅读**

案例分析 1：美国金融危机后的量化宽松 QE 政策

2008 年金融危机后美联储实施了三轮量化宽松政策，资产购买规模如表 4.2 所示。

表 4.2　　　　　　　　美联储三次 QE 阶段资产购买规模

阶段	购买资产	购买数量（亿美元）
QE1	抵押支持证券	6000
	长期国债	3000
	消费者债权支持证券	2000
QE2	中长期国债	6000
QE3	机构抵押贷款支持证券	18400
	长期国债	20700

1. 第一轮量化宽松 QE1（2008 年 11 月～2010 年 4 月）

2008 年次贷危机之后，美国经济呈现断崖式下滑，为稳定金融体系，恢复投资者信贷信心，补充市场流动性，美联储于 2008 年 11 月 24 日首次实施量化宽松货币政策，主要方式在于购买国家担保的问题金融资产，包括由房地美、房利美和联邦住宅贷款银行发行的价值 1000 亿美元的债券及其担保的 5000 亿美元资产支持证券。

2. 第二轮量化宽松 QE2（2010 年 11 月～2011 年 6 月）

第一轮量化宽松虽然抑制了经济的继续衰退，但是美国国内失业率日益加剧，并且出现了严重的通货紧缩现象，再加上欧洲主权债务危机的冲击，美国经济复苏障碍重重。而且在零利率的金融市场环境下，价格型货币政策依然失效，数量型货币政策成为唯一选择。为解决高失业问题，进

---

[*] 本部分内容根据美国联邦储备委员会网站信息整理。

一步刺激经济复苏，美联储于 2010 年 11 月至 2011 年 6 月期间实施第二轮量化宽松货币政策，以每月 750 亿美元的规模从市场购入 6000 亿美元中长期国债，并将资产负债表中到期的回笼资金进行再投资、购买国债。另外，依然维持 0～0.25% 水平的联邦基金利率。然而第二轮量化宽松货币政策效果并不理想。一方面虽然失业率有所下滑，但是仍然保持在较高的水平（9% 以上），严峻的就业形势加剧了美国政府的政治压力。另一方面也吹大货币泡沫，引发物价的持续上涨。

3. 第三轮量化宽松 QE3（2012 年 9 月～2014 年 10 月）

第二轮量化宽松货币政策结束之后的一年时间内，美国失业率有所下滑，到 2012 年 8 月份左右降至 8% 的水平，但是长期较高失业率的持续，导致失业迟滞现象的出现。为改善就业市场状况，美联储于 2012 年 9 月实施第三轮量化宽松政策，以每月 400 亿美元的规模从市场中购入抵押贷款支持证券，同时将 2011 年 9 月至 2012 年 6 月期间实施的卖出 3 年期或更短期国债同时买入 6 年至 30 年期相同规模长期国债这种卖短买长的扭转操作继续执行下去，并继续坚持 0～0.25% 水平的联邦基金利率。第三轮量化宽松货币政策之后，美国经济缓和复苏，通货膨胀与失业率问题也得到有效控制，然而美国经济恢复缓慢及"财政悬崖"逐渐显现。

为了进一步推动经济复苏、降低失业率，解决美国"财政悬崖"问题，美联储于 2012 年 12 月 12 日开始以每月 450 亿美元的规模购入美国国债，以此来替代扭曲操作，也就意味着美联储将以每月 850 亿美元的规模进行资产采购，并继续进行机构债、抵押债的本息再投资计划，而且仍然坚持 0～0.25% 水平的联邦基金利率。在对美国经济前景及就业市场形势比较乐观的情况下，美联储于 2014 年 10 月 30 日宣布停止之前的资产购买计划，意味着持续六年的量化宽松货币政策就此结束。

案例分析 2：新冠疫情发生后美联储货币政策相关讨论

新冠疫情暴发后，美国金融市场动荡，实体经济遭受严重冲击。为应对这一局面，美联储使用大量政策工具，特别是采取"无上限"量化宽松政策，向市场释放大量流动性（见图 4.2 和图 4.3）。2022 年以来美国不断攀升的通胀数据表明，货币政策宽松不是拯救经济的"万灵丹"，美联

储的政策工具能部分缓和疫情带来的负面影响，但同样会带来更多风险和
挑战。

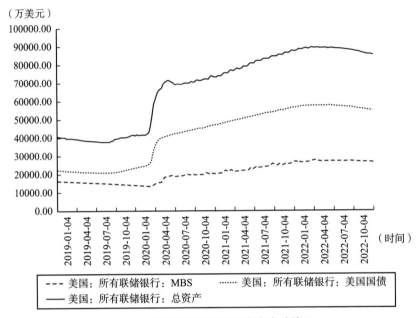

图 4.2　新冠疫情后美联储资产变动情况

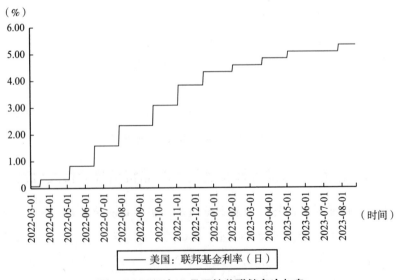

图 4.3　2022 年 3 月开始美联储多次加息

美联储通过多种政策工具向市场注入大量资金，缓解恐慌情绪，在短期内的确使金融市场趋稳，缓解企业和家庭的流动性压力。不过，这只是救急，非"对症下药"。本轮负面经济冲击问题不是来自金融部门，疫情才是经济衰退的导火索。因此，控制疫情才是经济复苏的前提和关键，美联储政策只能减轻一部分负面影响。"无上限"量化宽松政策短期内稳定了美国股市，但长期刺激经济作用有待观察。

美联储从2008年国际金融危机后就开始实施量化宽松政策，但效果越来越差。因为在不景气的大背景下，即便货币总量增加，金融机构面对风险往往也会谨慎借贷，量化宽松能够创造的有效货币供给相对有限。美联储量化宽松政策只能尽力保证金融相对稳定，绝非万能良方。有效的财政援助计划、供给侧解决供应链阻断才能对经济复苏发挥关键作用。

2019~2022年，面对疫情，美联储提出一些政策"创新"，如直接贷款给中小企业。现阶段，政策效果远未显现，但已引发不少争议。美联储的传统职能是通过购买"无风险"国债来调节银行系统的流动性。美联储新做法模糊了货币政策和财政政策的区别，让美联储承担更多信用和市场风险。类似"无上限"量化宽松等紧急情况下的非常规做法可能会引发政府干预货币政策，导致短期内过度采取扩张性货币政策，影响维持物价稳定的中长期目标。美联储非传统做法必须仔细校准，以便在向重要市场提供所需流动性时，将美联储承担的信用与市场风险降至最低。同时美联储"无上限"量化宽松不可能毫无限制，因为央行发行货币消耗的是国家信用，一旦消耗过多，必将影响国际社会对美元的信心。量化宽松有一定的副作用和后遗症，是只能在非常时期才考虑采用的手段，可以说是"没有办法的办法"。"无上限"量化宽松可能导致通货膨胀，特别是疫情导致供应链中断，逆全球化风险加剧，在这种情况下大规模增加市场流动性，更增加公众对美国的通胀预期。

由于美元是世界贸易使用的主要货币，因此美联储"无上限"量化宽松政策的影响同时也是世界性的。国际贸易中很多信用证都以美元为结算单位，疫情条件下，全球对美元的需求迅速增加。另外，很多投资者也把美元当作避险工具。因此，美联储大规模增加流动性的货币政策会直接影响其他国家的经济复苏。美联储量化宽松会导致一系列负面影响，如全球流动性扩大导致金融和实物资产价格"泡沫化"，进而引发全球性通胀；新兴国家债务水平尤其是美元债将创新高，甚至导致债务危机；各国不得不面对大量资金流入，推动本币利率下行，以应对美国经济衰退带来的冲击。

案例分析3：美国货币政策转向与硅谷银行破产

1. 事件概述

美国时间2023年3月9日，硅谷银行宣布将出售210亿美元的可供出售资产（AFS），税后损失达18亿美元，同时宣布再融资22.5亿美元以应对亏损和提供流动性支持。这使得市场对硅谷银行负债挤兑恐慌加剧，硅谷银行股价当日大跌超60%，随后进入停牌状态。3月10日，加州金融保护与创新部门（DFPI）宣布关闭硅谷银行并指定美国联邦存款保险公司（FDIC）作为接管方。硅谷银行负债挤兑的原因主要在于其负债端以短期存款为主，而资产端在低利率时期配置了大量长期限债券，美联储加息使得债券浮亏严重，同时客户集中取款使得兑付压力上行，最终硅谷银行不得不亏本抛售债券和再融资改善流动性。但硅谷银行挽救流动性的行为却加剧了市场恐慌，进一步加剧了负债挤兑，最终导致了硅谷银行的流行性危机和倒闭。

2. 事件过程及原因讨论

硅谷银行成立于1983年10月17日，该银行的经营战略是服务风险投资，主要存款来自风投支持的早期创新企业。随着客户的不断增长，硅谷银行的服务边界也在不断扩大，为创业企业提供融资，并为已经处于"成熟期"的客户继续提供服务。截至2023年3月9日，硅谷银行是全美排名第16位的银行，算是中等规模的、有明确特色的银行。

2020年，新冠疫情冲击全球，对美国金融市场造成巨大的影响。美联储为了应对突如其来的危机，疯狂放水，承诺较长时间维持零利率水平，量化宽松持续进行，通胀也见不到影子，全球迎来了科技企业的融资热潮，Startups贷款和风投额度的快速增长使科创企业手里积累了大量的现金和存款，而这些存款很大程度流入了硅谷银行里。据彭博数据，2020~2021年，硅谷银行的存款量出现翻倍式增长，刷新了历史新高，增幅远远超过了摩根大通等规模更大的投资银行。

面对负债端资金的大量流入，硅谷银行资产端可投资资金也快速上升。在美联储大放水、资金成本较低的环境下，硅谷银行加大了证券类资产的配置，大量投资于长久期的美国国债和抵押贷款支持证券（MBS）。[1] 2020年年中到2021年末，硅谷银行增持了120亿美元的美债，持有量从40亿美元增长到了160亿美元。更重要的是，硅谷银行增持了大约800亿美元的MBS，持有量从200多亿美元增长到了1000亿美元，这相当于它将近一半的资产配置在了MBS上。这对于一家以贷款为主营业务的商业银行而言几乎是难以置信的，甚至是荒唐的。

而从2022年开始，美联储进入疯狂的加息周期。2022年内，美联储一共加息7次，幅度累计达到了425个基点，是过去40年当中加息最为激进的一次。伴随美联储的快速加息，集中在2020~2021年低息期间购买的AFS资产在2022年给硅谷银行带来了超过25亿美元的未实现损失，而如果将1000亿美元以HTM计量的MBS的未实现损失考虑进去，未实现损失将累计高达175亿美元。美联储的疯狂加息，牢牢扼住了硅谷银行的咽喉，随之而来的，就是一系列令人窒息的后果。

首先，2022年美联储快速加息导致全球科技初创企业的日子都不好过，融资困难，股价跌跌不休，但研发还得继续，不得不撤出存放在硅谷银行的大量存款来缓解自身资金压力。再叠加美联储缩表等因素，硅谷银行的存款自2022年3月触顶后就一直流出。2022年全年存款总额下降了160亿美元，约占存款总额的10%，特别是活期无息存款由1260亿美元骤降至810亿美元，大大增加了负债端的利息支出压力。从银行取款获得现金流成了绝大多数科技企业的共同选择，挤兑现象就出现了。

其次，硅谷银行的投资也开始出现巨额亏损。在美国金融市场流动性最宽松的时候，也就是2020~2021年，硅谷银行购买了大量的低息债券，

---

① MBS是最早的资产证券化品种。最早产生于20世纪60年代的美国。它主要由美国住房专业银行及储蓄机构利用其贷出的住房抵押贷款，发行的一种资产证券化商品。其基本结构是，把贷出的住房抵押贷款中符合一定条件的贷款集中起来，形成一个抵押贷款的集合体，利用贷款集合体定期发生的本金及利息的现金流入发行证券，并由政府机构或政府背景的金融机构对该证券进行担保。

这些债券平均年化回报在2%以下，期限一般在5~6年。2022年，美联储疯狂抬高利息之后，硅谷银行购买的低息债券就成了亏本的买卖。硅谷银行面临着这样一种局面：资产端MBS有大量浮亏，短期内不会到期，而现金储量也不太充裕；负债端存款一直在流出，负债成本持续上升。如果投资持有至到期，对于硅谷银行来说还不算是大事，但是客户挤兑已经开始出现，硅谷银行只能低价打折出售这些债券，回收现金提供给客户。

因此，可以说硅谷银行的破产离不开美联储降息后又疯狂加息的货币政策。

有很多人认为硅谷银行破产是因为其资产配置结构的不合理，但是究其根本，面对2020~2021年的零利息，在低息时代，硅谷银行把吸收的存款很多投资于美国国债等资产是不得已而为之的举动。随着美联储连续大幅度加息，硅谷银行所持债券等金融资产市价不断下跌，急于调整资产组合，但披露的亏损信息却引发储户恐慌，出现挤兑，最后被单日高达420亿美元的提款要求彻底压垮。

我国学者认为，为应对新冠疫情，美联储动用"零利率＋量化宽松"货币政策工具组合刺激经济，流动性泛滥，个人、企业手里多的钱都流向银行。硅谷银行在低利率时代做了当时合理的投资。"大水漫灌"引发严重通胀后，美联储转向激进加息政策，硅谷银行已经难以应对，只能面临破产厄运。美联储若罔顾金融稳定执意加息，未来一些中小银行可能会一个接一个连锁性出问题，叠加起来就是系统性问题，进而拖累大银行，危及美国的金融稳定。

3. 硅谷银行事件的影响以及对我国的启示

与2008年金融危机有所不同，硅谷银行的倒闭有其特殊性，预计对美银行系统冲击可控，不会产生系统性风险，对我国市场影响有限，仍需密切关注市场反应。截至北京时间2023年3月13日凌晨，美国采取果断措施，储户可以动用他们所有的钱，与硅谷银行破产有关的任何损失都不会由纳税人承担。为避免大规模挤兑，发挥最后贷款人职责，宣布成立250亿美元的银行定期融资计划，向所有美国联邦保险存款机构提供最长一年的贷款。

2023年5月15日，央行发布2023年第一季度中国货币政策执行报告。其中指出，我国金融机构对硅谷银行风险敞口小，硅谷银行破产对我国金融市场影响可控。硅谷银行破产风波对各国的央行都给出了一些启示，相比美国而言我国央行在这方面做得是比较不错的。我国应继续保持货币政策的稳健。疫情期间，发达经济体推行量化宽松政策、快速实施零利率，后续又因通胀高企而快速加息缩表，使商业银行在宽松阶段配置的低收益资产，需要在紧缩阶段用高利率负债平衡，造成较大亏损。相对而言，我国坚持稳健、正常的货币政策，兼顾短期和长期、经济增长和物价稳定、内部均衡和外部均衡，稳固对实体经济的可持续支持力度，有效保持物价稳定，促进国民经济平稳运行，为金融稳定打下了坚实基础。

第 5 章

财政政策的原理
与案例分析

在宏观经济调控的众多政策工具中，财政政策占据了核心的地位。财政政策是指国家或政府为了实现特定的宏观经济目标，通过调整财政支出、税收和借债水平等手段，对国民经济的运行进行干预和调节的政策。财政政策是一种有力的工具，可以使政府在短期内对经济活动产生直接的影响，其作用原理包括资源配置原理、收入分配原理、经济稳定原理等，影响经济发展、社会分配、资源配置等各个方面。财政政策的主要目的包括：促进就业水平的提高，减轻经济波动，防止通货膨胀，实现稳定增长，匹配社会总供给与总需求，调节收入分配，促进国民经济均衡发展，优化资源配置，确保公平、效率与稳定的经济秩序等。在实践中，财政政策的实施通常需要与其他政策（如货币政策）协调配合，以实现预期的政策效果。

在 2023 年全球经济形势下，我国财政政策同时面临着挑战和机遇。在挑战方面，新冠疫情对经济造成了严重冲击，企业生产和居民消费受到深远影响，财政收入减少，财政支出困难。为了促进经济恢复，政府加大了财政支出，增加了债务规模，给财政可持续性带来了风险。此外，财政收支矛盾是长期存在的问题，近年来财政收支压力进一步加大，需要政府采取有效的财政政策来应对。在机遇方面，我国政府拥有庞大的财政资源，具有强大的调控能力和丰富的调控经验。随着我国经济逐渐复苏，财政政策的空间逐步扩大，财政政策可以更加灵活地应对经济下行压力。此外，数字化转型给财政政策带来了新的机遇，财政可以通过数字化手段更好地进行财政管理，提高财政效率。

2023年我国财政政策重点把握好以下五个方面。一是完善税费支持政策，着力纾解企业困难。综合考虑助企纾困需要和财政承受能力，在落实好前期出台政策的基础上，根据实际情况进一步完善减税降费措施，突出对中小微企业、个体工商户以及特困行业的支持，促进企业转型升级和提升创新能力，为企业增活力、添动力。二是加强财政资源统筹，保持必要支出强度。统筹宏观调控需要，加大财政资金统筹力度，优化政策组合工具，集中财力办大事，在打基础、利长远、补短板、调结构上加大投资，落实国家重大战略任务财力保障。对标党中央重大决策部署，调整完善财政政策，增强针对性有效性，更加注重可持续。三是大力优化支出结构，不断提高支出效率。坚持有保有压，党政机关过紧日子，从严控制一般性支出，加强"三公"经费预算管理，努力降低行政运行成本。围绕推动高质量发展，积极支持科技攻关、乡村振兴、区域重大战略、教育、基本民生、绿色发展等重点领域。完善财政资金直达机制，促进财政资金规范高效使用。四是均衡区域间财力水平，促进基本公共服务均等化。持续增加中央对地方转移支付，提高地方财力保障水平。推进省以下财政体制改革，健全县级财力长效保障机制，推动财力下沉。推进基本公共服务保障标准体系建设，完善地区间支出成本差异体系，促进转移支付资金分配与公共服务成本相衔接，增强资金分配科学性合理性。五是严肃财经纪律，切实防范财政风险。坚持依法行政依法理财，硬化预算约束，严格财政收支规范管理，健全监督监控机制，坚决查处违法违规行为。遏制隐性债务增量，稳妥化解存量，坚决制止违法违规举债行为，规范地方政府融资平台公司管理，牢牢守住不发生系统性风险底线。①

在本章中，我们将详细探讨财政政策的原理和实施策略，并通过案例分析，理解财政政策在实际经济环境中的应用。我们将关注以下几个方面：财政政策的基本概念及其目的；各种财政工具（如税收、支出和债

---

① 刘昆．更加有力有效实施积极的财政政策［J］．求是，2023（4）．

务）如何影响总体需求和供给；财政政策的自动稳定器及其作用；相机抉择的财政政策（即政府在衰退或通胀时期采取的短期干预措施）；财政政策的时机、设计和效果评估。

通过本章的学习，你将对财政政策有一个全面的理解，并能够在具体的经济环境下应用这些知识。让我们一起探索这项重要的宏观经济政策工具，并理解其在现代经济中的角色。

5.1 财政政策工具

财政政策工具是政府为了实现既定的政策目标所选择的操作手段，图5.1 展示了财政政策的主要政策工具。我国财政政策的主要工具有以下几个。

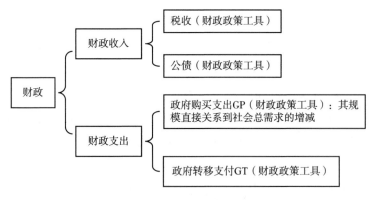

图 5.1　财政政策工具

（1）财政收入政策：主要是税收政策，通过调整税收政策来影响经济，包括减税、增税、调整税率等。

（2）财政支出政策：通过增加或减少财政支出，来促进经济或社会的发展，包括公共投资、消费支出、转移支付等。

（3）国债政策：通过发行国债来筹集资金，用于投资或弥补财政赤字，包括国债种类、发行规模、利率等。

（4）政府投资：通过政府投资来引导和带动社会资本的投资，包括基础设施、科技创新、环保等领域。

（5）税收优惠政策：通过税收优惠政策来鼓励企业投资和发展，包括减免企业所得税、增值税等。

（6）政府采购政策：通过政府采购来促进国内产业的发展，包括提高采购国内产品的比例、设置采购门槛等。

这些财政政策工具可以组合使用，以实现政府的财政政策目标，促进经济的平稳发展和社会的繁荣。

我们可以通过财政预算来了解我国财政政策的具体情况。财政预算是由政府编制、经立法机关审批、反映政府一个财政年度内的收支状况的计划，反映了政府活动的计划，是按照一定的标准将财政收入和财政支出分门别类地列入特定的收支分类表格之中，以清楚反映政府的财政收支状况。通过公共财政预算，可以使我们了解政府活动的范围和方向，也可以体现政府政策意图和目标。我国 2014 年修正的《预算法》第四条规定："政府的全部收入和支出都应当纳入预算"，明确了全口径预算管理。

与很多国家的公共预算只有"一本账"不同，我国财政预算分为四个部分，分别是一般公共收入、政府性基金收入、国有资本经营收入、社会保险基金收入（来自《预算法》第五条"预算包括一般公共预算、政府性基金预算、国有资本经营预算、社会保险基金预算"）。一般公共预算、政府性基金预算、国有资本经营预算、社会保险基金预算应当保持完整、独立。因此，它们就构成了我们常说的"财政的四本账"。另外，政府性基金预算、国有资本经营预算、社会保险基金预算应当与一般公共预算相衔接。搞清了这四本预算，对我国的财政情况就有了一个初步了解。

图 5.2 展示了财政"四本账"在 2021 年的收支规模，可以看出"第一本账"是一般公共预算：收入和支出占总预算的比例都超过一半，是财政的主体，收入主要来源于税收收入（占比约 80%）与非税收入（占比约 20%），支出主要投向一般公共服务、外交国防、教育、科学技术等领域。显然，"第一本账"对于维持国民经济稳定运转非常重要。"第二本账"是政府性基金预算：收入和支出占比在 1/4 左右，收入主要来自国有土地使用权出让收入（占比 80% ~ 90%）和专项债，支出主要用于土地开发、棚

改等国有土地使用权出让收入相关支出和基础建设。可见，"第二本账"重心落在土地财政上。"第三本账"是国有资本经营预算，收入和支出占比都只有1%左右，规模最小。收入来自国有资本收益，以利润上缴与股息股利收入为主，支出主要用于国企经营相关支出，即"第三本账"记录的是对国有资产经营性收支活动的价值管理和分配。"第四本账"是社会保险基金预算，收入主要由社会保险缴款构成，支出用于养老、医疗等社会保险待遇支出，"第四本账"专项用于社会保险的收支预算。

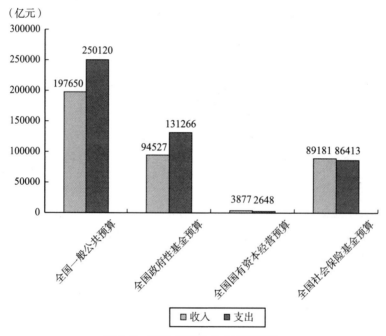

图 5.2　2021 年财政收支安排情况

资料来源：《关于 2020 年中央和地方预算执行情况与 2021 年中央和地方预算草案的报告》。

"四本账"虽然对应不同的用途，但彼此间可以存在一定资金往来，图 5.3 描绘了四本预算之间的勾稽关系：（1）"第一本账"可以从"第二本账"与"第三本账"调入资金，其中"第三本账"有 30% 的调出额度下限。此外，"第一本账"专设预算稳定调节基金，用于存放盈余或者弥补赤字，该科目的使用也体现在"全国财政调入资金及使用结转结余"一项中。（2）"第二本账"在特殊情况下会从"第一本账"调入资金，比如在 2021 年调入了 90 亿元用于重大急需水运建设项目。（3）"第四本账"可以接受来自一般公共预算的财政补贴。但"第四本账"不能调出资金，即专款专用，只进不出，当年收入大于支出的部分，会存入结余账户。

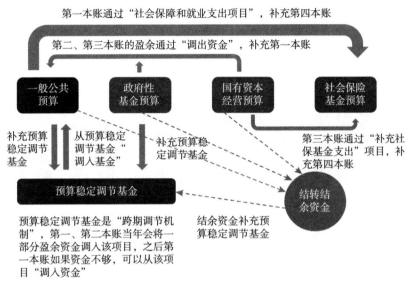

图 5.3   "四本账"之间的资金平衡

下面我们来具体介绍每本财政预算账户下的收入和支出项目。

1. 一般公共预算

一般公共预算是政府的公共财政收支预算，其收入主要来自税收和其他收入，支出涵盖了几乎所有部门的公共支出。一般公共预算的主要目的是保障和改善民生，推动经济社会发展，维护国家安全，维持国家机构正常运转等方面的支出。其中，教育、科技等重要支出是该预算的重点支持对象。

收入、支出占了全部政府财政的80%，税收是主要收入来源，其中关税、进口货物增值税、消费税、车辆购置税、船舶吨税属于中央税；房产税、车船税、契税、环境保护税、土地增值税、城镇土地使用税、耕地占用税、烟叶税属于地方税；其余属于中央地方共享税。除了税收，一些非税收入包括专项收入、处罚、国有资本收入等。2019 年，非税收入在地方占比22%，高于中央的10%。支出方面，主要用于教育（14.57%）、社保和就业（12.3%）、城乡社区（10.42%）、农林水利（9.57%）、一般公共服务（8.52%）。[①]

（1）一般公共预算收入。

从具体科目来看，一般公共预算收入包括税收收入、非税收入、转移性收入、债务收入。图5.4展示了我国税收的划分。

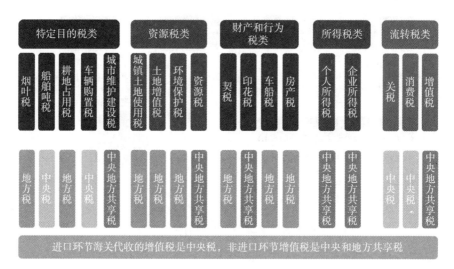

图5.4 国内税收的划分

税收收入是我国最主要的财政收入来源。税收收入规模稳步增加，从2013年的9.5万亿元增加到2021年的15.5万亿元（已扣减出口退税，不含关税、海关进口环节税收），年均复合增速6.8%。近5年来（2017～2021年），其占一般公共预算收入比重在82%左右。税收收入以增值税和企业所得税为主，其变化具有较强的季节性特征。在我国现行的18项税收类型中，增值税和企业所得税规模最大，2021年二者占比分别为23%、34%。由于增值税和企业所得税分别按月度和季度申报，这使得一般公共收入预算具有较强的季节性。同时，伴随所得税改革、高收入人群税收征

---

① 资料来源：国家统计局。

管力度加大等因素，个税不断增长，2021年其累计同比增速为21%。①

非税收入包含6项，其中，专项收入与国有资源（资产）有偿使用收入占比最高，2021年两者合计占比60%。非税收入呈现两个特点：①相比于中央，地方对于非税收入的依赖程度更高。近年来（2016～2020年），非税收入占中央一般公共收入的比重在10%以下，而占地方一般公共收入的比重在24%左右。②国有资本经营收入是重要变动项。2020年疫情发生时，我国预留政策空间，对特定国有金融机构和专营机构暂停上缴利润。该项从2019年的7721亿元降至2021年的988亿元。但2022年有所不同，年初预算报告提出国有金融机构和专营机构向中央财政上缴结存利润1.65万亿元，计入政府性基金预算，并调入一般公共预算9000亿元，而并非直接计入国有资本经营收入中。②

转移性收入主要包括上级补助收入、上解收入、调入资金（即来自"第二本账""第三本账"的资金以及动用预算稳定调节基金）、上年结余收入等。进一步分为中央和地方来看：对中央而言，关注调入资金。其中"第二本账""第三本账"调入资金规模稳定，体量较小，2021年为1935亿元（含预算稳定调节基金）；中央预算稳定调节基金扮演资金"蓄水池"角色，2021年余额从2019年末的5330.46亿元降至3854.01亿元，规模下降。

对地方而言，转移性收入以上级补助收入为主，后者又以转移支付收入为主。地方政府对转移性收入的依赖性较高，自2010年以来，规模不断增加。2021年，地方一般公共预算本级收入111077.08亿元，中央对地方转移支付收入82215.94亿元，占比超40%。

一般债务收入在省级财政一般公共预算表中体现。自2020年以来，受地方政府债务率掣肘，一般债扩张受到限制，但债务收入在地方本级一般公共预算收入中仍占有一定比重。以辽宁省为例，2021年，债务收入达625亿元，占比18%。

（2）一般公共预算支出。

一般公共预算支出是保持国家运作的刚性支出，按功能可分为24个科目，

---

① 资料来源：国家税务总局。

② 资料来源：《关于2021年中央和地方预算执行情况与2022年中央和地方预算草案的报告》。

涵盖了一般公共服务支出，外交、公共安全、国防支出，农业、环境保护支出，科教文卫支出等多个领域。2021年财政收支数据显示，支出占比前三的项目是教育（15.3%）、社会保障和就业（13.7%）、农林水（9%）。从同比增速来看，科学技术、债务付息、教育、社会保障和就业同比增速为正。2015年以来，中央对地方转移性支出力度较大，向中西部地区倾斜力度增加。2022年，在我国经济下行压力加大的背景下，中央财政安排对地方转移支付近9.8万亿元，环比增长18%，创下最大规模与最高增幅。

"第一本账"的收支总量之差即为狭义的政府预算赤字。每年财政预算报告中都会披露目标赤字率与赤字规模。其中，中央赤字可以靠国债弥补，地方赤字主要依靠新增一般债发行。

2. 政府性基金预算

政府性基金预算是依照法律、行政法规的规定，在一定期限内向特定对象征收、收取或者以其他方式筹集的资金，专项用于特定公共事业发展的收支预算。该预算主要用于铁路建设、民航发展、土地出让收入和专项债等方面的支出。

同一般公共预算不同的是，这部分钱是有目的性的，即专项基金，且一般收大于支。收入方面，根据国家统计局数据重新计算得到2019～2022年国有土地使用权出让金收入占比分别为：86.3%、64.8%、88.8%和85.8%。且以地方性收入为主，因为国有土地使用权出让金是地方政府的重要收入来源。

此外，收入端还受地方政府的专项债影响，专项债和一般债一般是错开发行的，因为同时发行会突然扩大债券供给，对市场造成冲击。比如2020年6月发行了7100亿元的抗疫国债（一般债），因此可以推断，6、7月专项债不会多，实际上2020年7月的专项债发行规模仅348亿元。但是专项债有着早发行、早使用的要求，因此可以预测到2020年8月，专项债可能会有突然的增加，实际上当时专项债发行规模高达6307亿元。

支出也和收入一一对应，主要用于国有土地使用权方面的支出、专项债支出。土地方面主要用于拆迁补偿、土地开发、城市建设、安居工程等。要注意的是，虽然这些支出看起来和基建有关，但其实真正涉及基建相关的支出合计占比不高，如2012年仅为20%。①

专项债则用于一些专门用途，如棚改、新能源、农林水利等，和基建相关性较大，但近几年因为没有好项目，募了资却不一定能用得掉，于是出现财政存款走高、国内基建增速降低的情况，并不是政府不用钱，而是没地方用。所以财政预算和基建增速理论上正相关，却不是必然。

3. 国有资本经营预算

国有资本经营预算是对国有资本收益作出支出安排的收支预算。其收入主要来自企业向国家上交的国有资本收益，支出则主要用于国有资本的再投资。该预算的目的是加强对国有资本的监管，提高国有企业的经济效益。

这部分占比较小，基本上影响不大，就是国有企业的收入，支出若有盈余，则用于补充"第一本账"（补赤字）和"第四本账"（社保基金）。

4. 社会保险基金预算

社会保险基金预算是对社会保险缴款、一般公共预算安排和其他方式筹集的资金，专项用于社会保险的收支预算。其收入主要包括企业职工基本养老保险基金收入、城乡居民基本医疗保险基金收入等，支出则主要用于社会保险的各项费用支出。该预算的目的是保障公民在年老、疾病、工伤、失业、生育等情况下获得必要的帮助。也就是说这本账的收入来源就是我们的"五险"，支出主要用于医社保支付等。

这里要区分两个概念：社会保险基金和社会保障基金。社会保险基金预算是对社会保险缴款、一般公共预算安排和其他方式筹集的资金，专项用于社会保险的收支预算。从收入端来看，2019年，主要是保险费（占比71%）和财政补贴（26%）。其中，保险费收入中的企业职工基本养老保险基金（65%）与城镇职工基本医疗保险基金（27%）是主体；财政补贴科目记录的则是"第一本账"补充"第四本账"的资金，占总收入的比重

---

① 资料来源：http://www.mof.gov.cn/zhuantihuigu/czjbqk1/czzc/201405/t20140507_1076098.htm.

一直稳定在 25% 左右。[①] 从支出端来看，全部用于社会保险待遇支出。支出结构与收入端类似，两种养老保险合计占比过半，反映我国正逐渐步入老龄化社会。而社会保障基金是国家另外开设的一个战略储备基金，相当于一个托底的金库，万一社会保险基金不够用的时候可以拿来补充，其来源包括中央财政拨款、国有资本划转、投资收益等，一般会委托专业投资管理机构来管理，政府说的引导社保基金入市，指的是社会保障基金。

近年来（2015～2021 年），社保基金当期收支缺口有扩大趋势，受到社会广泛关注。2021 年，剔除财政补贴后的收支缺口近 2 万亿元，随着我国人口结构的进一步改变，以财政补贴来弥补缺口的社保基金体系将面临挑战。

总结来看，"第一本账"对于维持国民经济稳定运转非常重要。收入端包括税收收入与非税收入，其中，税收收入是我国最主要的财政收入来源，其以增值税和企业所得税为主，其变化具有较强的季节性特征。非税收入方面，专项收入与国有资源（资产）有偿使用收入占比最高，相比于中央，地方对于非税收入的依赖程度更高。支出端来看，主要投向一般公共服务、外交国防、教育、科学技术等领域。此外，近年来中央对地方转移性支出力度较大，向中西部地区倾斜力度增加。

5.2 自动稳定器和相机抉择的财政政策

从西方财政制度与财政政策对经济波动的调节看，一般可以分为自动稳定的财政政策和相机抉择的财政政策。而长期的扩张性财政政策往往导致财政赤字及公债额上升。

自动稳定器指经济系统本身存在的一种减少国民收入冲击和干扰的机制，主要有失业保障机制、农产品价格维持机制和所得税税收体系。

相机抉择的财政政策指政府根据宏观经济指标分析宏观经济形势后，

---

① 资料来源：国家统计局。

斟酌使用的经济政策。

　　财政政策的自动稳定器是指经济系统本身具有的一种减少各种对国民收入冲击的机制，能够在经济繁荣时期自动抑制膨胀，在经济衰退时期自动减轻萧条。这种机制可以减轻经济周期的波动幅度，降低波峰高度，提高谷底高度。具体来说，财政政策的自动稳定器主要包括以下几个方面的作用。

　　（1）税收的自动变化。在实行累进税的情况下，经济衰退使纳税人的收入自动进入较低的纳税档次、税收下降幅度也会超过收入下降幅度，从而可起到抑制衰退的作用。反之，当经济繁荣时，纳税人收入自动进入较高档次，政府税收上升的幅度会超过收入上升的幅度，从而起到抑制总需求扩张和经济过热的作用。税收这种因经济变动而自动发生变化的内在机制具有减轻经济波动和稳定经济的作用。

　　（2）转移支付的自动变化。在经济衰退时期，失业增加，符合救济条件的人数增多，失业保险、贫困救济、农产品支持价格等转移支付会自动增加，有助于抑制衰退。反之，在经济繁荣时期，失业减少，转移支付会相应减少，抑制了通货膨胀。

　　因此，自动稳定器能够减轻经济周期的波动幅度，降低波峰高度，提高谷底高度。但是，它不能完全消除经济波动，因为财政政策的自动稳定器发挥作用的前提是经济处于衰退或繁荣状态。如果经济处于其他状态，自动稳定器就不一定会发生作用。同时，它也不能充分调节社会需求，从而不能消除经济危机。因此，要实现充分就业、经济稳定增长以及物价稳定等目标，还必须依赖相机抉择的财政政策的积极作用。

　　（3）功能财政和充分就业预算盈余。功能财政是指国家关于财政活动不能仅以预算平衡为目的，而应以充分发挥财政的经济职能、保持整个经济稳定发展为目的的理论。按照功能财政的思想，实施扩张性财政政策，即增加政府支出或降低税率使国民收入增加的同时，也会减少政府的预算盈余或增加预算赤字。衡量财政政策方向一个方便的测度指标是充分就业预算盈余或赤字。充分就业预算盈余衡量的是在充分就业的收入水平或潜在产出时的预算盈余。

　　（4）赤字和公债。政府为了弥补财政赤字，通常的做法是借债或者出售政府的资产。政府借债可分为两种：一是向中央银行借债，二是发行债券向公众借债。

5.3 财政支出和收入的含义和衡量指标

5.3.1 财政支出的含义和衡量指标

财政支出规模是指在一定时期内（预算年度），政府通过财政渠道安排和使用财政资金的绝对数量及相对比率，即财政支出的绝对量和相对量，它们分别反映了财政支出的总量和相对规模。

衡量财政支出规模的指标主要有七个方面。

（1）财政支出绝对规模，即政府在预算年度的财政支出总和。通常用具体金额来反映，也可以按不变价格来反映。

（2）财政支出占国内生产总值（GDP）比例：这是衡量一个国家财政支出规模的常见方法之一。财政支出占 GDP 的比例可以反映国家政府在经济中的支出水平。较高的比例可能意味着政府在经济中的角色更大。

（3）人均财政支出：这是将国家的总财政支出除以人口数量，以计算每个人平均承担的财政支出。这可以用来比较国家之间的个人税负和政府提供的服务水平。

（4）特定领域支出：将财政支出分解为特定领域，如教育、医疗保健、国防等。通过比较不同领域的支出，可以了解政府在不同方面的投入。

（5）实际金额：直接比较国家的财政支出数额。这可以提供一个大致的了解，但可能无法考虑到不同国家之间的经济规模差异。

（6）与历史数据比较：将当前年份的财政支出与过去几年的数据进行比较，以观察财政支出的趋势。

（7）与其他国家比较：将一个国家的财政支出与其他国家进行比较，可以帮助了解国际上的相对水平。

需要注意的是，单一的指标可能无法全面反映一个国家的财政状况。综合多个指标和方法，结合背景和具体的分析目的，可以更全面地了解一个国家的财政支出规模。

根据国家统计局的数据，2021 年我国政府的财政支出总额约为 245673 亿元，占 GDP 的比重约为 21%。其中，军事支出约为 13787 亿元，占财政支出的比重约为 5.6%；教育支出约为 37469 亿元，占财政支出的比重约为 15.2%；社会保障和医疗保健支出约为 52930 亿元，占财政支出的比重约为 21.5%。

我国的财政支出结构在过去几十年内经历了显著的变化，随着国家经济发展、社会需求变化和政府政策调整，财政支出的重点逐步发生了转变。以下是我国财政支出结构变化的一些趋势。

（1）从基础设施向社会福利的转变。在改革开放初期，我国主要侧重于基础设施建设，如交通、通信等。然而，随着时间的推移，政府逐步增加了对社会福利的支出，如医疗保健、教育、社会保障等，以提升人民生活水平。

（2）社会保障支出的增加。随着人口老龄化加剧和社会保障体系的建设，我国政府加大了对养老保险、医疗保险、失业保险等社会保障领域的支出，以确保老年人和弱势群体的福祉。

（3）教育和科技的投入增加。我国政府逐步增加了对教育和科技的支出，以培养人才、提升创新能力和推动科技发展。高等教育、科研机构和创新项目得到了更多的财政支持。

（4）环保和生态建设。随着环境问题引起关注，我国政府加大了对环保和生态建设的投入。清洁能源、生态恢复、污染治理等环保领域得到了支持。

（5）文化和文化产业。文化领域也受到了越来越多的财政支持，以促进文化产业的发展、传承文化传统和提升国家文化软实力。

（6）国防和安全。国防和安全支出也在逐步增加，以维护国家安全和稳定。

总体而言，我国财政支出结构的变化趋势是从注重基础设施和经济建设向注重社会福利、人力资本和环保等多元化方向转变。这一趋势旨在实现经济可持续发展、社会公平和环境保护的目标。

从图 5.5 来观察我国财政支出的结构可以发现，2012～2020 年，基本上呈现出"三分天下"的格局：劳动报酬占比 34%，社会福利救助支出占比 32%，投资（资本形成与资本转移之和）占比 32%。至于统计误差，只占 2%。

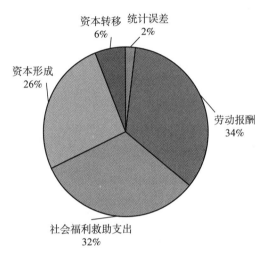

图 5.5　2012～2020 年中国的财政支出结构

资料来源：上海金融与发展实验室。

以下我们将进行财政支出的跨国比较，来分析我国财政支出的特点。

（1）图 5.6 显示了部分国家社会福利支出占政府支出的比重，从图中可以看出我国财政的社会福利支出占比较低。2012～2020 年，我国福利支出占财政支出的比重只有 32%。我国的福利支出占比不仅由于不同经济发展阶段财政体制的差异，低于发达国家，而且也低于发展水平相近的金砖国家，尤其是发展水平比中国差很多的印度。这就导致居民获得的社会福利收入较少，从而可能造成居民收入占国民收入的比重低，以及居民消费率偏低。

（2）从图 5.7 中的中美两国政府投资比重的比较可以发现，我国财政支出中用于投资的比重非常高。从政府投资占比的时间序列数据看，从 2002 年到 2012 年，其间虽然 2009 年"四万亿"计划短暂地提高了政府投资占比，但总体趋势是私人部门投资增速远快于政府投资增速，从而导致政府投资占比不断下降。从 2012 年开始，由于政府投资增速的提升，政府投资占比长期稳定在 37% 左右的水平。与同时期的美国相比，中国政府投资占比高出了 20 个百分点。

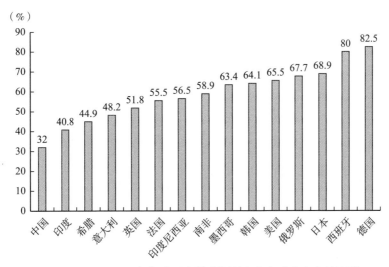

图 5.6　2012～2020 年部分国家社会福利支出占政府支出的比重

资料来源：上海金融与发展实验室。

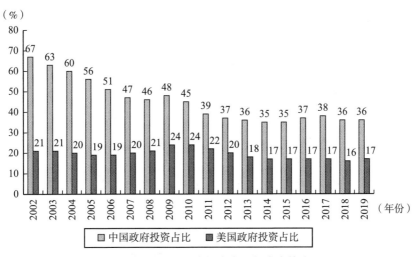

图 5.7　中美两国政府投资在总投资中的比重

资料来源：上海金融与发展实验室。

（3）从图5.8显示的情况可以看出，中国财政支出中人员费用的占比较高。从2012～2020年的平均数据看，中国财政支出中雇员报酬占比高达34%，与居于第二位的希腊相比，高出了13个百分点，是其余13个国家的2倍到5倍。

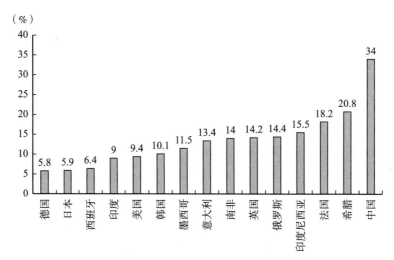

图5.8　2012～2020年部分国家雇员报酬占政府支出的比重

资料来源：上海金融与发展实验室。

通过以上跨国比较的三个发现表明，我国政府支出受到发展阶段和政府职能的影响，呈现出社会保障支出占比较低，政府投资比例较高，公务人员规模较为庞大的特征。近年来，随着我国经济发展和政府职能向高质量和提质增效转变，以上三个特点正在发生相应的变化。

5.3.2　财政收入的含义和衡量指标

财政收入规模是指在一定时期内（一个财政年度），政府通过财政渠道筹集的财政资金的绝对数量及相对比率，通常用具体的金额或相对量来衡量。

衡量财政收入规模的方法也可以从多个角度进行，这些方法可以根据需要和分析的目的而有所不同。以下是一些常见的衡量财政收入规模的指标。

（1）财政收入占国内生产总值（GDP）比例。类似于衡量财政支出的方法，财政收入占 GDP 的比例可以反映国家政府在经济中的收入水平。较高的比例可能意味着政府依赖较多的税收和其他收入来源来维持预算。

（2）个人所得税收入。个人所得税是从个人薪资和收入中征收的税收，它通常是国家财政收入的重要来源之一。衡量个人所得税收入可以帮助了解税制对公民的影响。

（3）企业所得税收入。企业所得税是从公司利润中征收的税收，对于衡量企业对国家财政的贡献也是重要的。

（4）消费税收入。消费税是从商品和服务的销售中征收的税收，衡量消费税收入可以显示消费者在国家财政中的角色。

（5）其他税收和非税收入。这包括其他类型的税收（如房地产税、增值税等）以及非税收入（如政府资产收益、特许权使用费等）。

（6）与历史数据比较。将当前年份的财政收入与过去几年的数据进行比较，以观察财政收入的趋势。

（7）与其他国家比较。将一个国家的财政收入与其他国家进行比较，可以帮助了解国际上的相对水平。

（8）税收结构。分析不同类型税收在总收入中的比例，以及这些税收如何分布在不同的收入来源上。

综合利用上述方法，结合具体的分析目的，可以更全面地了解一个国家的财政收入规模以及税收结构。同样需要注意的是，多个指标和方法的综合分析可以提供更准确的信息。

图 5.9 展示了 2012～2018 年我国财政收入及增长率。根据财政部数据统计显示，2018 年 1～12 月累计，全国一般公共预算收入 18.34 万亿元，同比增长 6.2%。其中，中央一般公共预算收入 8.54 万亿元，同比增长 5.3%；地方一般公共预算本级收入 9.79 万亿元，同比增长 7%。全国一般公共预算收入中的税收收入 156401 亿元，同比增长 8.3%；非税收入 26951 亿元，同比下降 4.7%。

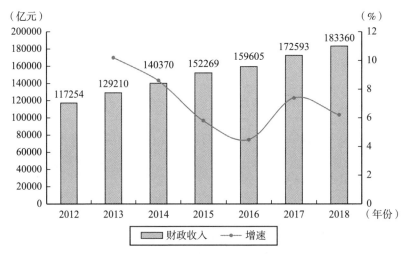

图 5.9　2012～2018 年财政收入及增长率

资料来源：国家统计局。

2022 年，全国一般公共预算收入 20.37 万亿元，比上年增长 0.6%，其中中央一般公共预算收入 9.49 万亿元，比上年增长 3.8%，地方一般公共预算本级收入 10.88 万亿元，比上年下降 2.1%。全国税收收入 16.66 万亿元，比上年下降 3.5%。总的来说，我国的财政收入规模在过去几年中一直保持着增长趋势。然而，受到疫情等因素的影响，2022 年的财政收入增长率有所下降。此外，税收收入在财政收入中占据了很大比例，但其增长率也受到了一些因素的影响。①

5.3.3　政府债务与财政赤字率

我国财政支出的三个特点不仅反映了财政职能的异化，也与近些年政府债务压力的不断加大有着直接的关系。财政支出的资金来源首先是政府获得的可支配收入，如果收不抵支，就得靠新增负债，即：财政支出 = 政府可支配收入 + 新增负债。

从图 5.10 观察财政支出的资金来源中可支配收入和新增负债的比重，

---

①　资料来源：国家统计局。

可以看到，在 2002 年到 2012 年间，财政支出总体的趋势是"量入为出"，政府可支配收入支撑了绝大多数的政府支出。即使是 2009 年"四万亿"计划，政府可支配收入也支撑了 90% 的财政支出。

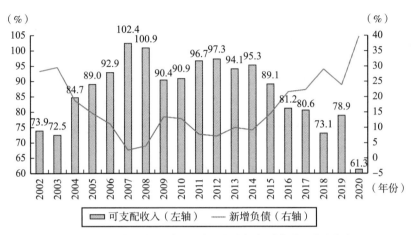

图 5.10　政府可支配收入/财政支出与新增负债/财政支出

资料来源：上海金融与发展实验室。

事实上，政府支出对债务依赖程度的显著上升是在 2015 年之后。2015年政府可支配收入支撑的政府支出下降到不足 90%，同时，新增债务的比重不断上升，到了 2020 年财政支出中只有 61.3% 靠的是当年收入，剩下近 40% 的支出依靠债务融资。

财政收不抵支，以至于财政支出对债务的依赖程度不断上升，这一方面与一如既往的"投资财政"有关，但另一方面，更主要的原因在于"吃饭财政"。从图 5.11 中观察 2002 年以来政府可支配收入中用于劳动报酬支出的比重，在 2002 年至 2012 年间，除了 2009 年"四万亿"计划政策期间有短暂上升，总体趋势是不断下降的。2015 年之后，劳动报酬支出占政府可支配收入的比重不断上升，到 2020 年已经超过了 60%。近些年公务员的工资收入没有大的提升（甚至可能是下降的），因此，财政劳动报酬支出的比重上升只能说明人数越来越多，这也解释了为何近些年报考公务员如此热门。

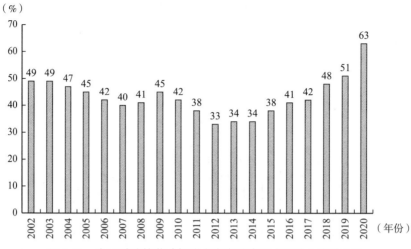

图5.11 中国财政的劳动报酬支出在政府可支配收入中的占比

资料来源：上海金融与发展实验室。

除了债务压力之外，每年财政收不抵支的另一个后果就是1997年以来我国的财政一直处于赤字状态，尤其是在经济遭遇冲击时更为明显。观察图5.12中显示的赤字率可以看到，在1998年亚洲金融危机和2008年国际金融危机期间，我国的财政赤字率都接近了3%的水平。2020年受到疫情影响，财政赤字率超过了3%的警戒线。

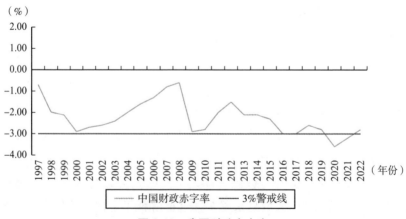

图5.12 我国财政赤字率

资料来源：上海金融与发展实验室。

5.4 财政政策效应

财政政策效应是指政府变动收支后对社会经济活动如就业、产出等产生的有效作用以及相应的反应，包括宏观经济稳定、社会公平和可持续发展等方面，主要有以下三个效果。

（1）宏观经济稳定效应。财政政策可以通过调节政府支出和税收等手段，影响总需求和总供给，从而稳定经济。例如，在经济衰退时期，政府可以通过增加支出、减少税收等措施，刺激总需求，促进经济增长；而在经济过热时期，政府可以通过减少支出、增加税收等措施，抑制总需求，保持经济稳定。

（2）社会公平效应。财政政策可以通过公共支出和社会保障等手段，改善社会公平和促进社会和谐。例如，政府可以通过增加对教育、医疗等领域的公共支出，提高公共服务的均等化水平，改善人民的生活质量；同时，通过完善社会保障体系，保障弱势群体的基本生活需求，进一步促进社会公平和稳定。

（3）可持续发展效应。财政政策可以通过支持绿色发展、科技创新等手段，推动可持续发展。例如，政府可以通过增加对环保、新能源等领域的支持，促进绿色发展和可持续发展；同时，通过支持科技创新，提高经济发展的质量和效益，推动经济持续健康发展。

财政政策对总需求的影响主要通过以下两个途径实现。

（1）政府购买。政府购买是总需求的重要组成部分，当政府增加购买时，直接增加了总需求。政府购买的增加可以刺激私人的投资和消费需求，从而进一步增加总需求。

（2）税收政策。税收政策是财政政策的重要组成部分，政府可以通过调整税率和税收政策来影响居民的消费和投资行为，从而影响总需求。例如，减税可以增加居民的可支配收入，进而刺激消费和投资，从而增加总需求。

财政政策对总供给的影响主要表现在以下三个方面。

（1）政府购买。政府购买直接影响总供给，因为政府购买物品或服务时，需要支付相应的价格。如果政府增加购买支出，就会提高相关产业的总供给，从而促进总供给的增加。例如，政府可以增加对制造业、农业等产业的购买，提高相关产业的生产和供给能力。

（2）税收政策。政府可以通过调整税收政策来影响企业和个人的行为，从而影响总供给。例如，政府可以采取减税措施，降低企业成本，提高企业盈利，从而增加总供给。此外，政府还可以通过税收优惠政策来鼓励企业增加投资和扩大生产，进一步增加总供给。

（3）财政补贴。财政补贴是财政政策的一种重要手段，政府可以通过财政补贴来鼓励企业增加投资和扩大生产，提高总供给。例如，政府可以对企业进行补贴，降低企业成本，提高企业盈利，从而增加总供给。

分析财政政策效果的一个重要框架是 IS – LM 模型，该模型是描述产品市场和货币市场之间相互联系的理论结构。一方面，在产品市场上，国民收入决定于消费 C、投资 I、政府采购 G 和净出口 NX 加和起来的总支出或者说总需求水平，而总需求尤其是投资需求要受到利率 r 影响，利率则由货币市场供求情况决定，就是说，货币市场要影响产品市场；另一方面，产品市场上所决定的国民收入又会影响货币需求，从而影响利率，这又是产品市场对货币市场的影响，可见，产品市场和货币市场是相互联系的、相互作用的，而收入和利率也只有在这种相互联系、相互作用中才能决定。

IS 模型是描述产品市场均衡的模型，根据封闭经济中的等式：Y（国民收入）= C（消费）+ I（投资）+ G（政府购买）+ NX（净出口），其中 C = C（Y），消费水平随收入正向变化，I = I（r），r 为利率；则可在图中画出收入 Y 与利率 r 在产品市场均衡时的线性关系，其斜率为负，斜率大小受投资与利率敏感度及投资乘数影响，直线位置受不随利率变动的自主性支出决定。

LM 曲线是描述货币市场均衡的模型，根据等式：M/P = L1（Y）+ L2（r）得到，其中，M 为名义货币量，P 为物价水平，M/P 为实际货币量，

Y 为总产出，r 为利率，L 是货币需求。通常将实际货币供给 M/P 视为由中央银行给定的，则利率和货币量呈反向关系，而收入和货币量呈正向关系，从而得出一条收入 Y 与利率 r，斜率为正的直线，斜率大小分别由实际货币量对利率和收入的敏感度决定，而位置由实际货币量决定。将 IS - LM 移至同一图上，二者交点便反映了产品市场和货币市场同时达到均衡时的利率水平和收入水平。

在 IS - LM 模型中，增加政府购买或减税会导致 IS 曲线向右移动，因为在给定的利率水平下，投资等于储蓄的总产出水平提高了。如图 5.13 所示，随着 IS 曲线的移动，新的均衡点处的利率和总产出也会发生变化。在新的均衡点处，利率可能会上升，这可能会导致投资下降，从而部分抵销总产出的增加。此外，利率上升还会导致货币需求增加，这会使得 LM 曲线向左移动。除了总需求的影响外，财政政策还可能对总供给产生影响。例如，减税可以鼓励企业增加投资和扩大生产，从而提高总供给。

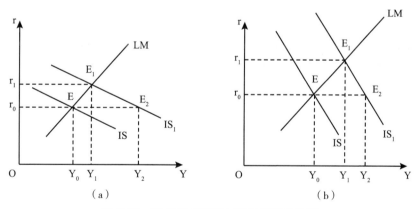

图 5.13　IS 曲线的斜率与财政政策的效应

财政政策效应的大小取决于 IS 曲线和 LM 曲线的斜率。通过对比图 5.13（a）和图 5.13（b）可以看出，在 LM 曲线不变时，IS 曲线的斜率越小，IS 曲线越平坦，IS 曲线移动对国民收入变动的影响越小，财政政策效应越小；反之，财政政策效应越大。

另外，通过对比图 5.14（a）和图 5.14（b）可以看出，对于正常 IS

曲线的既定变动，LM 曲线越平缓，扩张性财政政策引起的均衡国民收入增加越多，财政政策效应越大；LM 曲线越陡峭，扩张性财政政策引起的均衡国民收入增加越少，财政政策效应越小。

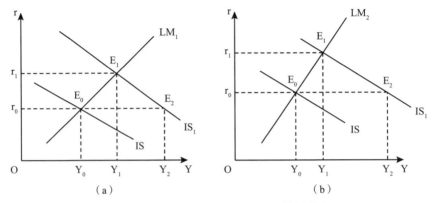

图 5.14　LM 曲线的斜率与财政政策的效应

在定量地评估财政政策对国民收入的效果时，重要的乘数效应会影响财政政策效果的强弱。

（1）公共支出和公共投资的乘数效应是指公共支出和公共投资变动引起的社会总需求变动对国民收入增加或减少的影响程度。一个部门或企业的投资支出会转化为其他部门的收入，这个部门把得到的收入在扣除储蓄后用于消费或投资，又会转化为另外一个部门的收入。如此循环下去，就会导致国民收入以投资或支出的倍数递增。以上道理同样适用于政府投资的减少。投资的减少将导致国民收入以投资的倍数递减。公共支出乘数的作用原理与政府投资乘数相同。

（2）税收乘数效应是指税收的增加或减少对国民收入减少或增加的程度。由于增加了税收，消费和投资需求就会下降。一个部门收入的下降又会引起另一个部门收入的下降，如此循环下去，国民收入就会以税收增加的倍数下降，这时税收乘数为负值。相反，由于减少了税收，使私人消费和投资增加，从而通过乘数影响国民收入增加更多，这时税收乘数为正值。一般来说，税收乘数小于投资乘数和政府公共支出乘数。

5.5 我国的财政政策案例分析 *

根据各个历史阶段的特点，我国依次采取了促进国民经济调整的财政政策、宽松的财政政策、紧缩的财政政策、适度从紧的财政政策、积极的财政政策、稳健的财政政策以及积极的财政政策。

1. 促进国民经济调整的财政政策

时间：1979 年。

背景：经济出现过热现象及引发的财政赤字严重、投资需求和消费需求双膨胀、物价持续上涨、外贸逆差增加等问题。

内容：中央提出对国民经济进行"调整、改革、整顿、提高"的八字方针。

一是改革财政体制，实行"分灶吃饭"，促进各级财政实现收支平衡。1980 年起，除北京、天津、上海继续实行"总额分成、一年一定"的体制外，各省、自治区实行了"划分收支、分级包干"的新财政体制，打破了统收统支的局面，调动了中央和地方增加财政收入的积极性，事权和财权的统一、权利和责任的统一促使地方合理地安排财政收支和自求平衡。这种体制对减少财政赤字，加强宏观调控具有一定的作用。

二是压缩基建规模，控制投资需求。1979 年，财政部发布了《关于加强基本建设财务拨款管理的通知》，要求基本建设不能突破国家预算指标范围；严格按照国家计划供应资金；严格执行结算纪律，防止和制止拖欠贷款；严格按照基本建设程序办事，纠正边设计、边施工、边生产的做法。对引进的项目和 1000 多项未完工程，除保留必要的部分外，全部停建、缓建；对大部分非生产性项目也实行停建、缓建。同时，严格基

---

　* 本部分资料来源于运奇. 为经济发展保驾护航——三十年财政政策概要［J］. 中国财政，2008（19）.

建投资的审批手续，并将基建资金逐步改为有偿使用，强化了投资硬约束。通过这些措施把国家预算内的基本建设投资规模每年的增长速度控制在 10%～25% 之间，避免出现大起大落的现象。

三是控制消费需求，压缩各项开支。由于消费基金增长导致需求膨胀，国家除控制预算内收入的增长速度外，还对预算外收入，尤其对社会集团购买力进行了严厉的控制。在执行中对社会集团购买力实行计划管理，限额控制等办法。1980 年，规定文教、科学、卫生、体育等事业单位和行政机关实行"预算包干，结余留用，征收归己"的办法，防止扩大支出和年终突击花钱。另外，严肃财经纪律，控制奖金总额和超额津贴。1980 年，开展了财政纪律大检查，查出滥发的奖金上百种，有问题的资金达 37.9 亿元。

四是增加农业、轻工业投资，提高消费品供给能力。为了改变农产品和日用品供不应求的局面，1979 年安排了 174 亿元财政支农资金，1980 年在提高农副产品价格和增加补贴的同时，支农资金也达到 150 亿元；除较多地安排轻工业基本建设投资外，财政还增加了轻纺工业挖潜改造和专项贷款 15 亿元。通过增加供给，缩小消费品供应量与购买力之间的差距，平衡总供给与总需求。

五是稳定市场，平抑物价。1979 年，国家将粮食统购价格提高了20%，在此基础上超购加价幅度从原来的 30% 提高到 50%，同时还相应提高了油料、棉花等农副产品的收购价格。粮油统购价格提高后，由财政补贴，当国家平价粮食供应出现缺口时，将议价收购的粮食平价销售。1980 年，国家财政的粮油价差补贴、超购粮油加价补贴和粮食企业亏损补贴支出共计 108.01 亿元，比 1979 年增加了 47.39%，有力地平衡了商品供求，保证了物价稳定。

六是调整进出口商品结构，平衡国际收支。首先，控制需要大量补贴的产品出口，减少高亏商品的出口，减少国家对外贸的财政补贴，调整进出口商品结构；其次，对出口创汇企业实行税收等各方面的政策倾斜，鼓励扩大生产出口商品，实现国际收支平衡。

效果：通过宏观调控，基本实现了财政收支平衡、物价稳定和信贷平衡的预期目标。但由于经济调整中紧缩的政策力度过大，经济增长率从

1980 年的 7.8% 降到 1981 年的 5.2%。

2. 宽松的财政政策

时间：1982 年。

背景：国民经济出现下滑。

内容：1982 年开始实行宽松的财政政策和货币政策，主要是通过放松银根，继续深化财政体制改革，对企业实行利改税，调动企业和地方的生产积极性，增加有效供给，缩小总供给与总需求之间的差距。

效果：从 1982 年开始，国内生产总值增长速度逐步回升，当年增长 9.1%，增幅较上年提高 3.9 个百分点，1983 年加快到 10.9%。

3. 紧缩的财政政策

时间：1988 年 9 月。

背景：从 1984 年后期开始，国民经济过热的迹象又逐步显现，社会总需求与总供给的差额不断扩大，投资消费高速增长，价格总水平大幅攀升。为满足社会固定资产投资增长的要求和解决企业流动资金短缺的问题，国家不断扩大财政赤字，而为弥补赤字，银行超量发行货币，又加剧了物价指数上升。

内容：党的十三届三中全会提出"治理经济环境、整顿经济秩序、全面深化改革"的方针。实行了紧缩财政、紧缩信贷的"双紧"政策。

一是大力压缩固定资产投资规模。从 1988 年 9 月至 1989 年第一季度，停建、缓建固定资产投资项目共 1800 多个。同时，将调整预算外基建投资作为压缩投资需求的重点，一方面通过征集国家预算调节基金限制预算外资金的规模，合理引导预算外资金的流向；另一方面鼓励能有效地增加供给的生产投资，限制"楼、堂、馆、所"及住宅等非生产性投资的规模。

二是控制社会消费需求。为了控制消费基金继续膨胀，首先严格控制社会集团消费，把专项控制商品由 19 种扩大到 32 种；其次，限制奖金等工资外收入的增长幅度，通过大力吸收存款来减少现期购买力；最后，对一部分高档耐用消费品如冰箱、彩电等采用专卖的办法，以减少流通环节的人为涨价因素。为了稳定粮食和主要副食品的销售价格，国家财政继续保留定额补贴，对某些品种的补贴额甚至还有所增加。此外，还在1989年财务大检查中把滥发奖金、实物列为一个重要内容，并将其作为一项考核制度，实行首长责任制。

三是紧缩中央财政开支。削减财政投资支出，对经营不善、长期亏损的国有企业停止财政补贴，对落后的小企业进行整顿和关停并转等；大力压缩行政管理费支出，到1990年行政管理费占财政支出的比重由上年的42.2%压缩到7.3%；为了减少货币投放，对所有单位持有的1981~1984年发行的国库券，推迟三年偿付本息。

四是进行税利分流试点和税制改革。1988年在重庆进行税利分流试点，1989年扩大试点范围，企业利润先以所得税的形式上交国家，税后利润以一部分上交国家，余留部分归企业。对固定资产投资贷款由税前利润归还，改为由税后利润和折旧基金及其他企业自主财力归还。与此同时，对税制进行改革，1989年开征建筑税，将自筹基建投资建筑税由原来的单一税率改为差别税率，对非生产性建设、计划外建设和非重点建设实行高税率，对小轿车、彩色电视机征收特别消费税。

效果："双紧"的财政货币政策实施后，经济过快增长得到了控制，物价迅速回落到正常水平，需求膨胀得到化解，固定资产投资的结构有所调整，产业结构不合理状态有所改变。但是，由于"双紧"的财政货币政策，使企业在流动资金严重短缺的情况下，生产难以正常运转，经济效益明显下降。随着经济增长速度的快速回落，居民收入的增幅也有一定的下降，市场不同程度地出现了疲软，财政困难也日益加剧。

4. 适度从紧的财政政策

时间：1993年。

背景：1992年，在邓小平南方谈话和党的十四大精神鼓舞下，全国排除干扰，解放思想，又掀起了新一轮的经济建设高潮。到1993年上半年，经济运行的各项指标继续攀升，投资增长过猛，基础产业和基础设施的"瓶颈"制约进一步加剧，市场物价水平迅速上升，经济形势十分严峻。

内容：为了保持国民经济的平稳发展，党中央果断做出深化改革、加强和改善宏观调控的重大决策，1993年提出了加强调控的16条措施，其中财政政策发挥了重要作用。

一是改革财政体制，调整中央与地方的财政分配关系。1994 年起实行分税制，按照中央政府和地方政府各自的事权，划分各级财政的支出范围；根据财权事权相统一的原则，合理划分中央与地方收入；按统一比例确定中央财政对地方税收返还数额；妥善处理原体制中央补助、地方上解以及有关结算事项。财政体制的改革，规范了中央和地方政府的分配关系，提高了财政收入占 GDP 的比重以及中央财政收入占全国财政收入的比重，增强了国家的宏观调控能力。

二是实行税利分流，规范政府与企业的分配关系。1992 年，税利分流在全国企业普遍试点，试点企业达到了 4000 多户。税利分流理顺了国家与企业的利润分配关系，把激励与约束机制统一起来。而且国家与企业利益共享、风险共担，提高了企业经营管理的积极性。更重要的是国家可以运用税收和利润两种渠道组织财政收入和调解经济运行，财政收入随着企业收入的提高而增长，从而提高了国家的宏观调控能力。1993 年，颁布实施了《企业财务通则》及《企业会计准则》，使国家与企业的关系进一步走向规范化。

三是进行大规模的税制改革。首先，建立以增值税为主体的新流转税制度，规定增值税分 13% 和 17% 两档基本税率，小规模纳税人实行按销售收入 6% 的税率征税；同时，扩大了消费税的征收范围，采取从价定率和从量定额两种征收办法；营业税的税目也进行了合理调整。新的流转税制度不仅统一适用于内资企业和外商投资企业，而且规范了企业的纳税行为。其次，改革企业所得税制度，取消了按所有制形式设置所得税的做法，对国有企业、集体企业、私营企业以及股份制和各种形式的联营企业，均实行统一的企业所得税。国有企业不再执行承包上缴所得税的办法，还取消了所得税前归还贷款、上缴国家能源交通重点建设基金、国家预算调节基金的规定。最后，改革个人所得税，建立了统一的个人所得税，个人应纳税所得在原来六项的基础上又新增加了五项，计税方法上采取分项征收。这次税制改革调整了国家、企业和个人之间的分配关系，对价格、金融、外贸、计划、投资等领域产生了一定的影响，特别是有效地抑制了投资膨胀，保障了财政收入。同时，严格控制投资规模，清理在建项目，严控新开项目，加强房地产市场管理；强化税收征管，清理越权审批减免税，限期完成国债发行任务，控制社会集团购买力过快增长，把预算会议费压缩20%，控制出国活动和各种招商办展活动，控制各项债券年度发行规模和债种；控制地方政策债券发行。

效果：实践证明，适度从紧的财政与货币政策取得了良好的效果。1996年，国民经济较为平稳地回落到适度增长的区间，成功地实现了"软着陆"，既有效地抑制了通货膨胀，挤压了过热经济的泡沫成分，又保持了经济的快速增长，形成了"高增长、低通胀"的良好局面，成为我国宏观调控的成功典范。

5. 积极的财政政策

时间：1998年。

背景：1997年7月2日，亚洲金融风暴在泰国爆发，迅速席卷东南亚诸国，我国对外贸易受到了严重冲击。同时，产业结构不合理、低水平的产品过剩与高新技术产品不足并存、城乡结构不合理、区域经济发展不协调等经济结构问题对亚洲金融危机的冲击产生了放大效应。面对国内外经济和市场形势，在货币政策效应呈递减之势和坚持人民币汇率稳定政策的情况下，财政政策成为宏观调控的重要工具。

内容：为了扩大需求，从1998年7月开始，国家实施了积极财政政策。

一是增发国债，加强基础设施投资。1998年7月，向国有商业银行发行1000亿元国债，1998年上半年又向国有独资商业银行发行2700亿元特别国债，至2004年共发行长期建设国债9100亿元。国债资金主要投向农林水利、交通通信、城市基础设施、城乡电网改造、国家直属储备粮库建设等方面，截至2004年末，七年累计实际安排国债项目资金8643亿元，并拉动银行贷款和各方面配套资金等逾2万亿元。

二是调整税收政策，支持出口、吸引外资和减轻企业负担。为了支持外贸出口，分批提高了纺织原料及制品、纺织机械、煤炭、水泥、钢材、船舶和部分机电、轻工产品的出口退税率，加大了"免、抵、退"税收管理办法的执行力度；对一般贸易出口收汇实行贴息办法，中央外贸发展基金有偿使用项目专项资金也正式开始使用；调整进口设备税收政策，降低关税税率，对国家鼓励发展的外商投资项目和国内投资项目，在规定范围内免征关税和进口环节增值税；从 1999 年起，减半征收固定资产投资方向调节税，至 2000 年暂停征收；对符合国家产业政策的技术改造项目购置国产设备的投资，按 40% 的比例抵免企业所得税；对涉及房地产的营业税、契税、土地增值税给予一定的减免；对居民存款利息恢复征收个人所得税。

三是增加社会保障、科教等重点领域的支出。中央财政支出中教育经费所占比例从 1998 年起连续五年都比上年提高 1 个百分点；1998 年中央财政安排 144 亿元补助资金和借款，专项用于国有企业下岗职工基本生活保障和再就业工程；为了加快省级统筹养老保险制度改革，扩大养老保险覆盖面，中央财政增加转移支付 20 亿元。这些措施的出台与实施，从根本上改善了我国的宏观经济运行。

四是充分发挥调节收入分配的作用，提高城市居民个人消费能力。1999 年至 2002 年，连续三次提高机关事业单位职工工资标准，还实施了年终一次性奖金制度，使机关事业单位职工月人均基本工资水平翻了一番。同时，中央财政大幅增加对"两个确保"和城市"低保"的投入，增加对中西部地区行政事业单位人员工资和建立"三条保障线"的资金补助，加快了社会保障体系建设。这些收入分配政策的调整和实施，有力地增强了居民消费能力。

五是支持经济结构调整，促进国有企业改革。支持国有企业关闭破产，仅 2002 年中央财政就拨付关闭破产补助资金 129.58 亿元，安置职工 38 万人；积极参与电力、电信两大行业体制改革和民航企业联合重组，支持石油、石化、冶金、有色、汽车等行业的重组和改革，并对重点企业集团实行所得税返还政策；同时，支持"走出去"的外贸发展战略，启动对外承包工程保函风险专项资金；另外，用部分国债作为财政贴息资金，积极推动重点行业和企业的技术改造，以解决经济运行中深层次的矛盾与问题。

六是加大治理乱收费力度，减轻企业和社会负担。1997 年以来，国家取消不合法和不合理的收费项目近 2000 项，降低近 500 项收费标准。1998 年清理了涉及企业的政府性基金和收费，减轻企业和社会负担 370 多亿元。

七是实行"债转股"。对部分有市场、有发展前景，但负债过重而陷入困境的大中型重点企业，在建立现代企业制度的同时，通过金融资产管理公司，将银行的债权转为股权，降低企业资产负债率，增强企业活力。

效果：1998 年至 2002 年的财政宏观调控，以实施积极的财政政策为主，在扩大投资、刺激消费、鼓励出口、拉动经济增长、优化经济结构等方面取得了显著的成效，成功地抵御了亚洲金融危机的冲击和影响，宏观经济运行得到根本性的改善。通货紧缩的趋势得到了有效遏制，社会需求全面回升，经济结构调整稳步推进，经济持续快速增长。

6. 稳健的财政政策

时间：2004 年。

背景：扩大内需取得显著效果后，经济运行中又出现了投资需求进一步膨胀，贷款规模偏大，电力、煤炭和运输紧张状况加剧，通货膨胀压力加大，农业、交通、能源等薄弱环节以及中小企业、服务业投入严重不足等新问题，结构问题依然是我国国民经济中的深层次矛盾与问题。

内容：党和国家提出进一步加强宏观调控。财政作为重要的调控手段，顺应宏观经济形势的要求，适时实施稳健的财政政策。

一是国债投资规模调减调向。2004 年国债发行规模比上年调减 300 亿元，主要用于农村、社会事业、西部开发、东北地区等老工业基地、生态建设和环境保护，引导社会投资和民间资金向上述方向转移，缓解经济局部过热。

二是推后预算内建设性支出的时间。2004 年 1～4 月，全国基本建设支出比上年同期减少了 11%，5 月，全国财政支出速度也明显放慢，当月支出 1721 亿元，同比仅增长 1.9%，其中基本建设支出降幅达 15.4%。另外，针对固定资产投资增长过快，适当放慢了国债项目资金拨付进度。1～6 月，累计下达国债资金预算 246.34 亿元，比上年同期减少 308.23 亿元，占全国国债专项资金指标的 15.64%，对经济局部过热起到了缓解的作用。

三是有保有控，在总量适度控制下进行结构性调整。首先，大力支持农业生产，对农民种粮实行直接补贴、加大对农民购置良种和大型农机具的补贴力度、减免农业税。据统计，全国有 28 个省份共安排良种补贴资金

16 亿多元，其中中央财政补贴 13 个粮食主产省区 12.4 亿元。其次，加大对就业、社会保障和教科文卫等薄弱环节的支持。2004 年上半年社会保障补助支出同比增长 11.5%，抚恤和社会福利救济费增长 19%，全国教育支出增长 16.9%，科技支出增长 37.8%。

四是深化税制改革，发挥税收调节作用。

第一，改革农业税。2004 年在全国范围内取消了除烟叶以外的农业特产税，降低了农业税税率；到 2005 年底，全国已有 28 个省（区、市）全部免征了农业税，全国取消了牧业税；2006 年在全国范围内取消农业税，同时取消了农业特产税，对减轻农民负担和增加其收入起了重要作用。

第二，改革增值税。自 2004 年 7 月 1 日起，在东北地区进行生产型增值税向消费型增值税转型改革试点，允许纳入试点范围的企业新购进机器设备所含增值税进项税额在企业增值税税额中抵扣。

第三，调整个人所得税。2006 年将个人所得税工薪所得费用扣除额由每月 800 元提高至每月 1600 元，随后又调高到 2000 元，并扩大了纳税人自行申报范围。

第四，调整房地产税。为了加强对房地产业的调控，2006 年将个人购房转手交易免征营业税期限延长至 5 年，并调整规范了土地收支管理政策，完善了住房公积金管理政策，调整了新增建设用地有偿使用费政策和征收标准。

第五，改革企业所得税。2007 年统一了内外资企业所得税制度，并于 2008 年 1 月 1 日起在全国实施。

第六，调整资源税。为了促进环境保护和节约资源，陆续提高了 11 个省的煤炭资源税税额标准。

第七，调整消费税。为了平衡市场供求，调整了消费税政策，适当扩大了征收范围。

第八，积极推进出口退税机制改革。多次调整了出口退税率，适时取消和降低了部分高能耗、高污染和资源性产品的出口退税率，对部分不鼓励出口的原材料等产品加征出口关税，降低部分资源性产品进口关税。

效果：稳健财政政策的实施，使我国经济运行呈现出"增长速度较快、经济效益较好、群众受惠较多"的良好格局。

7. 积极的财政政策

时间：2008 年 12 月。

背景：2008 年下半年全球金融海啸爆发后，中国经济增长明显减速，经济下行压力加大。

内容：从 2008 年下半年开始国家实施积极财政政策。

2008 年 11 月 9 日，国务院常务会议公布扩大内需、加快基建投资等十项措施，预计 2010 年底前将投资 4 万亿元人民币。十大保经济措施包括：加大公营房屋、农村基建、交通、环境卫生及环保等投资，改善医疗教育，加大农业及低收入人士补贴，等等。

2008 年 12 月 10 日，中央经济工作会议强调必须将保持经济平稳较快发展作为 2009 年工作的首要任务，并首次提出扩大内需作为保增长的根本途径。会议提出 2009 年经济 5 大重点任务，包括实施积极财政政策及适度宽松货币政策、促进农业发展、推进经济结构调整、深化改革、维护社会稳定等。

2009 年 1 月 12 日，中央制定"一揽子"振兴经济计划，其中包括十大重点产业振兴计划，涉及钢铁、汽车、造船、石化、轻工、纺织、有色金属、装备制造、电子信息等产业；将国家科学技术长期规划中与当前经济发展紧密联系的六个重大专项加快进行，作为科技支撑，准备投入 6000 亿元人民币。

随后，我国政府先后审议通过了有关汽车、钢铁、纺织、装备制造、船舶、电子信息、轻工、石化、有色金属、物流等十大产业振兴规划。同时，受外贸出口持续下滑影响，财政部年内三次调整出口退税率，其中，箱包、鞋帽、伞、毛发制品、玩具、家具等商品的出口退税率提高到 15%。电视用发送设备、缝纫机等商品的出口退税率提高到全额的 17%。

截至 2009 年 7 月，相关部委还推出了江苏沿海地区、关中天水经济区、天津滨海新区、广西北部湾经济区、海峡西岸经济区、珠海经济特区等地区性的产业升级投资刺激计划。在十大产业振兴规划出台后，管理层继续出台大量区域振兴计划，从不同的方面不断振兴经济发展，细化振兴内容，必然对后市经济起到新的促进作用。

效果：对遏制经济快速下滑、稳定投资者和消费者信心发挥了积极的作用。

关于1998年以来积极财政政策的一大争议问题，是"为什么不实行减税政策"。按照一般逻辑，扩张性财政政策包括政府减税和增支两大方面。1998年后，我国的财税政策却是在扩张导向下增支而不减税，严格地说是不以减税为重点，究其理由，主要有如下几个方面。

第一，我国税收占国内生产总值比重过低，从宏观税负看，减税已无空间。发展中国家税收占国内生产总值的比重一般在20%～30%，发达国家的比重更高，而我国这一比重1997年只有11%左右，可以说总体上不具备减税的空间。现实生活中确实存在企业负担和农民负担过重的问题和减轻税收负担的强烈呼声，但具体分析，其原因在于税外的乱收费、乱罚款、乱摊派、乱集资，同时各部门通过"四乱"征收的财力大多是放在预算外分散掌握的，弊端丛生。所以我国急需对症下药加以解决的问题是清理"四乱"，整顿非税收入，降低税外负担，加强预算外资金管理，而不是减税。

第二，我国现行税制结构制约着减税效应的发挥，使减税事倍功半，得不偿失。所谓税收对经济的"稳定器"作用，主要是指直接税，即所得税的调控作用，而现阶段我国的税收主体是间接税，1997年前后增值税、消费税、营业税三税占税收收入的比重高达65%以上，而企业所得税和个人所得税相加也仅占16%左右。近一半的企业亏损经营，降低所得税对他们毫无意义。减免间接税，则不仅会大量减少财政收入，而且刺激经济的效果很弱，事倍功半，得不偿失。加之间接税的减税有向下拉动物价的作用，对通货紧缩可能雪上加霜，不利于改善市场预期。

第三，我国现阶段的经济和税收环境也不宜以实行减税为重点。目前我国的市场体制还不健全，企业的投资和经营行为远没有走上规范化轨道，相当一部分企业对减税信号的反应并不灵敏。特别是长期以来通过各种越权和随意减免税来促进地方经济发展的做法，仍有一定惯性，这一类做法客观上助长了各种偷税、骗税现象的发生，削弱了税收的杠杆作用。管理部门担心，在这种情况下强调减税，不仅难以达到预期效果，而且可能扰乱税收秩序，妨碍税收执法环境的形成与稳定。

应当指出，认为税收增长绝对不能高于 GDP 增长是一种误解。实际上，只有在管理体制和税制结构相对稳定、成熟的时期，税收占 GDP 的比重才不会发生明显的波动。而我国经济发展尚处于转型期，体制和税制均处于转轨过程中，很多因素都在剧烈变化，所以实事求是地说，不宜简单地用税收收入占 GDP 比重相对稳定的框架来套我国的现实。

我国在 20 世纪 90 年代中期以后税收的持续增长存在一定的合理性。它在一定意义上是前十年税收占 GDP 比重下降过头之后的正常回调。从 20 世纪 80 年代开始的分权改革和减税让利安排，使我国税收占 GDP 的比重下降至 20 世纪 90 年代前期的 10% 以下，而从国际经验看，发展中国家的这一比重大约为 20% 以上，发达国家更要高得多。经过回升调节，我国税收占 GDP 比重也仅达到接近 15%，所以说宏观税负并不高。1999 年税款征收总量超过万亿元，与加大清欠力度有直接关系，这也是以前的欠税大户感到冲击很大的原因。但是要形成公平竞争的市场环境，就应将弹性征收减少，加强征管力度，硬化以法律为依托的税收约束。打击走私而增加的税款，更是完全合理的。

📖 小结

财政政策工具是政府为了实现既定的政策目标所选择的操作手段。我国财政政策的主要工具包括：财政收入政策、财政支出政策、国债政策、政府投资、税收优惠政策、政府采购政策等，这些财政政策工具可以组合使用，以实现政府的财政政策目标，促进经济的平稳发展和社会的繁荣。

自动稳定器指的是经济系统本身存在的一种减少国民收入冲击和干扰的机制，主要有失业保障机制、农产品价格维持机制和所得税税收体系。相机抉择的财政政策是指政府根据宏观经济指标分析宏观经济形势后，斟酌使用的经济政策。

财政支出规模是指在一定时期内（预算年度），政府通过财政渠道安排和使用财政资金的绝对数量及相对比率，衡量财政支出规模的指标主要有财政支出绝对规模、财政支出占国内生产总值（GDP）比例、人均财政支出、特定领域支出、实际金额、与历史数据比较、与其他国家比较等。

　　财政收入规模是指在一定时期内（一个财政年度），政府通过财政渠道筹集的财政资金的绝对数量及相对比率，衡量财政收入规模的指标主要有财政收入占国内生产总值（GDP）比例、个人所得税收入、企业所得税收入、消费税收入、其他税收和非税收入、与历史数据比较、与其他国家比较、税收结构等。

　　财政政策效应是指政府变动收支后对社会经济活动如就业、产出等产生的有效作用以及相应的反应，包括宏观经济稳定、社会公平和可持续发展等方面。

　　根据各个历史阶段的特点，我国依次采取了促进国民经济调整的财政政策、宽松的财政政策、紧缩的财政政策、适度从紧的财政政策、积极的财政政策、稳健的财政政策以及积极的财政政策。

延伸阅读

2008 年国际金融危机下我国的财政刺激政策

　　2008 年的国际金融危机给全球经济增长带来了巨大的消极影响，我国政府扮演了有为政府的角色，出台了积极的财政刺激政策进行应对，从供给和需求侧同时发力帮助经济恢复增长，对全球经济的复苏起到了重要的作用。

一、国际与国内背景

1. 国际背景

　　2000 年初开始，美国房地产市场从最初的繁荣逐渐演变为泡沫。随着金融衍生产品交易的不断攀升，资产价格泡沫越来越大，直到 2007 年美国次级房屋抵押贷款发生大规模违约，使得房屋抵押贷款和其金融衍生品价值下跌，导致私人部门资金链断裂，银行破产，债务飙升，从而引发流动性枯竭，最终造成了系统性的金融危机。由于美国在全球资本市场占据主导地位，并且金融衍生品在全球大范围的使用与交易，国际金融市场也受到了很大冲击和损失。到 2008 年，美国和世界经济陷入自 1929～1933 年经济大萧条以来最严重的经济危机。

以美国、欧洲和日本等资本主义强国为代表的发达经济体、以金砖国家为代表的新兴经济体以及各个发展中国家，在经济全球化的背景下，都受到了严重的冲击。随着金融风险通过各类渠道向全球扩散，各国实体经济受到严重影响，出现不同程度的放缓或衰退。全球通货膨胀压力缓解，通货紧缩风险同步增加，世界经济低迷。

2. 国内背景

2001 年后，我国步入新一轮的高速发展时期，GDP 增速逐年攀升。2003 年，我国 GDP 增速超过 10%，并在随后连续五年飞速上升，而自 2007 年开始我国 CPI 指数一路上涨，并连续 13 个月超过 5%，经济增长面临着过热的风险。2008 年初南方地区出现的严重雨雪冰冻灾害和 5 月发生的四川汶川特大地震，给我国经济发展带来了不利影响。这一系列自然冲击使得短期内食品供需失衡，推动了以猪肉为主的食品价格上涨，形成了结构性通货膨胀。与此同时，国际金融危机不断加深，对我国经济发展的负面效应逐渐显现。

首先，经济增速放缓，2008 年，我国 GDP 增速由第一季度的增长 10.6% 放缓至第三季度的 9% 和第四季度的 6.8%，是 1999 年第四季度以来的最低增速，跌落到谷底。而 2008 年度 GDP 增速更是达到了 2003 年以来最低值。

其次，出口额显著下降，净出口对经济增长的贡献率大幅下降。从 2008 年 11 月开始，我国出口月度同比增速连续 13 个月出现负增长，特别是 2009 年 2~8 月的出口下降幅度更是达到了 20% 以上。直到 2009 年 9 月降幅才逐步趋缓。

最后，我国国内呈现通货紧缩态势。CPI 从 2008 年 2 月的 8.7% 迅速下降到年底 1.2% 的水平，2009 年还一度出现了通货紧缩的局面，2009 年全年 CPI 比上年下降 0.7%。消费者信心也逐渐下降，2008 年 12 月消费者信心指数不足 90，与 2007 年 12 月 96.9 相比明显下降。工业生产大幅下滑，发电量零增长，大量中小出口企业关闭，沿海地区出现失业潮。

二、财政政策转向积极

在宏观经济面临不利的内部和外部环境条件下，我国政府为了保持经济的平稳增长，迅速转为实施积极的财政政策和适度宽松的货币政策。货币政策方面，央行多次下调存款准备金率和利率，以保证货币流动性、充足性。财政政策方面，国家出台多项增加政府投资、减免各项税款的政策。

为了充分发挥财政政策的宏观调控作用，我国政府提出了把促进经济增长、调整经济结构和保障改善民生相统一的政策体系。其主要目的是刺激国内需求，消化过剩的出口产能，同时加大基础设施建设和社会福利，保障就业和维护国家稳定。财政刺激政策组合包括四方面主要内容：一是大规模增加政府支出和实行结构性减税；二是大范围实施重点产业调整振兴计划；三是大力推进自主创新和加强科技支撑；四是大力保障和改善民生。其中大规模增加政府支出对应的是"四万亿"计划，指的是从11月初至12月底国家陆续提出的进一步扩大内需、促进经济平稳较快增长的十项措施，具体内容有：（1）加快建设保障性安居工程；（2）加快农村基础设施建设；（3）加快铁路、公路和机场等重大基础设施建设；（4）加快医疗卫生、文化教育事业发展；（5）加强生态环境建设；（6）加快自主创新和结构调整；（7）加快地震灾区灾后重建各项工作；（8）提高城乡居民收入；（9）在全国所有地区、所有行业全面实施增值税转型改革，鼓励企业技术改造，减轻企业负担；（10）加大金融对经济增长的支持力度。① 大致的支出规模如表5.1所示。

表5.1　　　　　　　　　　　　"四万亿"的支出结构

重点投向	资金测算
廉租住房、棚户区改造等保障性住房	约4000亿元
农村水电路气房等民生工程和基础设施	约3700亿元
铁路、公路、机场、水利等重大基础设施建设和城市电网改造	约15000亿元
医疗卫生、教育、文化等社会事业发展	约1500亿元
节能减排和生态工程	约2100亿元
自主创新和结构调整	约3700亿元
灾后恢复重建	约10000亿元

资料来源：国家发展和改革委员会。

---

① 2008年11月5日国务院常务会议上提出的《进一步扩大内需　促进经济增长的十项措施》。

1. 加快基础设施建设

在"四万亿"计划中，政府加大了对农村危房和廉价租房的建设改造力度，与此同时，政府还出台了一系列对棚户区的改造政策，对于游牧民的住房也出台了相关的优惠政策。加快农业农村基础设施建设，除了能够改善农村民生之外，还能增加投资和消费需求。在政策支持下，政府财政支出，包括政府的资产投资和一些土地的收入大部分都被投入农村的基础设施建设当中。尤其在"三农"政策上，中央政府投入了大约8183亿元，比2007年大约增加了900多亿元的资金投入，对农村的电力和水利基础设施进行大力改造。政府大力投资农村的水利建设，自2007年到2008年，全国农村的大小型水库数量飞速增长，有效灌溉面积也有了巨大提升。这期间全国小型水库由81809座增加到82643座，全国大型水库由493座增加到了529座，更是造成了全国有效灌溉面积由2007年的28340千公顷增加到了2008年的29440千公顷，净增加一千多千公顷。[①] 全国的农村基础设施建设取得了巨大进步，政府的大力资助拉动了农村的消费和投资。

2. 重大基础设施建设

在"四万亿"计划中我国政府提出了重点建设一批客运专线、煤运通道项目和西部干线铁路，完善高速公路网，并且安排中西部干线机场和支线机场建设，加快城市电网改造的建设措施。投资重大基础设施，包括交通基础设施、铁路、公路等的建设2134亿元，大概占了计划总投资中的23%。2008年8月1日建成的京津城际铁路，是我国第一条拥有世界一流水平和全高速知识产权的高速铁路，使两大直辖市产生了同城效应。随后建成的武广高铁是世界上最长、最快的高速铁路。在"四万亿"计划中铁路、公路、机场、水利等重大基础设施建设和城市电网改造约有1.5万亿元，灾后恢复重建约有1万亿元。可见，"四万亿"投资计划的主要资金投向是"铁公基"。自2007年到2008年，全国铁路营业里程由7.8万公里增加到了7.97万公里，高速公路里程也增加了0.64万公里。

在加大重大基础设施建设的过程中，由于需要建设大量的铁路、高速

---

① 资料来源：发展改革委通报4万亿元投资重点投向和资金测算［EB/OL］. https：//www. gov. cn/gzdt/2009－03/06/content_1252229. htm. 发展改革委就4万亿元投资计划执行情况答记者问［EB/OL］. https：//www. gov. cn/gzdt/2009－10/27/content_1450208. htm.

公路，注定了需要消耗大量的水泥和钢铁，需求扩大内需，实现了宽松的财政政策的实施目的。从 2007 年到 2008 年，我国的钢铁产量依旧呈现增长趋势，从 2007 年的 56560.87 万吨增加到了 60460.29 万吨，基本保持平稳增长。同时，水泥的需求也不断增大，导致水泥的产量也呈现增长趋势。由 2007 年的 136117.25 万吨增加到 2008 年的 142355.75 万吨，[①] 虽然增长趋势有小幅度的下跌，但在总体上依旧保持着平稳增长。

3. 促进社会保障业和教育的发展

中央政府在实施"四万亿"计划之时，除了对基础设施的大力投资，还对我国的社会保障业和教育事业的发展和稳定提供了大量的政策支持。这包括对基层的医疗卫生体系的完善建设，对中西部教育事业落后于全国大部分的地区进行学校的投资建设，甚至推进一些特殊地区的特殊学校和农村基层医疗卫生机构和综合服务中心的结合。并将一部分公共资源主动用于农村的建设事业上，并且加大新型农村社会保险制度的推广和贯彻实施，并且取得了一些傲人的成绩，例如，新型的农村社会保险已经覆盖了全国 10% 的农村地区，并使得大概 9000 万人因此获益。2009 ~ 2011 年，各级政府新增投资达到了 8500 亿元，极大程度地缓解了城乡居民"看病难、看病贵"的问题；除此之外中央还拨款 429 亿元，用来解决国有企业破产人员的医疗保障问题，并且努力增加就业，特别是高校毕业生和农民工的就业。中央政府用于教育、保健、社会保障和就业的投资比 2007 年增加了 29.3%。其中教育新增固定资产在 2007 年和 2008 年变化幅度并不大，继续保持稳定增加状态，在 2009 年出现大幅度的增加，远超过去的增加速率；而卫生、社会保障、社会福利业新增固定资产一直保持增长逐渐加快的趋势，从 2007 年到 2009 年，增长量分别为 803 亿元、1057 亿元、1689 亿元，增长速率不断加大。

尤其是社会保障业的新增固定资产，在 2007 年到 2008 年，社会保障业的新增固定资产增长虽然有小幅度的增加，但基本保持稳定的增加状态，但在"四万亿"计划实施之后，在 2009 年，社会保障业的新增固定

---

① 资料来源：发展改革委通报 4 万亿元投资重点投向和资金测算 [EB/OL]. https：//www. gov. cn/gzdt/2009 – 03/06/content_1252229. htm. 发展改革委就 4 万亿元投资计划执行情况答记者问 [EB/OL]. https：//www. gov. cn/gzdt/2009 – 10/27/content_1450208. htm.

资产飞速增加到前所未有的 46.7 亿元，说明在"四万亿"计划当中，政府对于社会保障的投资较大，并且极大地拉动了社会保障业的内需，从而导致社会保障业的固定资产取得了巨大的增加。这一系列措施不仅保持了当前经济增长和社会稳定，更重要的是保持了我国经济发展的好势头，现代化进程没有因巨大的外部冲击而出现大的波折，其意义重大而深远。

4. 加强生态环境建设

"四万亿"计划中明确指出我们要加快城镇污水、垃圾处理设施建设和重点流域水污染防治，加强重点防护林和天然林资源保护工程建设，支持重点节能减排工程建设。政府坚持把节能减排作为扩内需保增长的重要抓手，支持重点节能减排项目建设，坚持以节能减排政策为重点，扩大内需，保持生态环境可持续发展。从项目实施到 2009 年 8 月底，我国在大部分地区尤其是重点的水流域实施一系列的水污染防治工作。从 2007 年到 2010 年，我国的环境管理投资一直保持着飞速增长状态，由 2007 年的 120.91 亿元飞速增长到 2010 年的 386.68 亿元。

尤其是污染水的处理是环境治理的重要组成部分，自 2007 年开始，治理废水的投资达到了最高点，一直到 2008 年末，在政府的大力支持和投资下，污水的治理有了显著的成效。自 2008 年起，一直到 2010 年，也就是在实施"四万亿"计划之时，大量的投资导致开始的需求增加，直到市场的饱和，废水的投资力度开始逐渐下降。但是在总体的生态环境治理当中，在"四万亿"计划实施之后，投资量一直保持着稳定的增长状态。

三、财政政策效果

下面我们根据总供给和总需求的理论框架来对我国在 2008 年国际金融危机后的积极财政政策效果进行分析。从短期来看，实行扩张性的财政政策，如铁路、公路和机场等重大基础设施建设，加快地震灾区灾后重建各项工作等增加了政府的支出，使得总需求增加，收入增加，提高了低收入群体的收入。

从中长期来看，价格水平会随着时间而变化。扩张性的财政政策使得价格水平提高。在新的一个时间段内，价格水平发生变化，导致总需求的回落。也就是说长期来看，如果潜在产出不变的话，扩张型的财政政策会造成价格水平的上升，增加了我国的通货膨胀压力。接下来我们通过实际数据来进一步探究积极财政政策的效果。

1. 保增长

自 2009 年第一季度我国经济增长陷入谷底的 6.4% 之后，2009 年第二、三、四季度，我国经济增长率分别达到 8.2%、10.6% 和 11.9%，全年增速保持在 9.4% 的高水平上，形成强劲的回升势头。从国内生产总值季度增长率来看，走出了一个标准的 V 型反转。我国在全球率先实现经济形势总体回升向好。

2. 扩内需

要提高居民消费需求，首先要提高居民收入，尤其是低收入人群的收入。在"四万亿"计划中明确提出要提高城乡居民的收入，提高特别是农村地区、低收入和年老人群的最低生活保障，这在一定程度上刺激了消费。

"四万亿"计划中用于基础设施的政府投入占有相对较大的比重。在 2008 年金融危机的背景下，企业投资和民间投资均下降，因此政府投资成了扩大投资的主要推动力。自 2008 年 11 月国家出台"四万亿"计划以来，固定资产增长率快速增长，2008 年我国全年平均固定资产增长率为 25%，2009 年年均增长率更是达到了 30%，为近几年的最高水平。

3. 稳就业

中国社会科学院人口与劳动经济研究所发布的《人口与劳动绿皮书(2009)》称"四万亿"财政刺激计划将可拉动 9239 万人就业。其中，农业就业数量最多，为 3805 万人；建筑业为 1674 万人；制造业为 1176 万人。2009~2010 年，我国城镇就业人员分别增加了 1219 万人和 1365 万人，一直保持在较高的水平。因此，"四万亿"计划对于在国际金融危机的局面下稳定就业发挥了积极和不可替代的作用。

4. 调结构

"四万亿"财政计划支持重点产业调整振兴和促进中小企业发展，加强自主创新能力建设。坚持把节能减排作为扩内需保增长的重要抓手，支持十大重点节能工程、城市污水垃圾设施及配套管网、重点流域水污染防治等建设。这些措施均积极推进了经济结构战略性调整和发展方式转变，以保持经济平稳较快发展作为主攻方向。

5. 潜在问题

积极财政刺激计划是政府扩张性财政政策的体现，而"四万亿"计划的投资金额使得政府投资大大增加，市场对于民间投资的挤出效应明显，打击了民间投资的积极性。同时"四万亿"投资计划并不是一个长期工程，其后的政府资金无法持续，由此造成的民间投资和政府投资的空窗期对于国内经济发展有着负面的影响。除此之外，"四万亿"投资计划建设造成了部分行业产能过剩的问题，短时间内大量资金流入行业市场对于优劣行业的筛选标准下降，导致部分投资流入了"夕阳"产业和"僵尸"企业，造成了经济结构失衡的问题，需要进行供给侧结构性的改革。

四、总结

2008 年我国经济受到了国际金融危机的严重波及。积极的财政政策有效拉动了国内消费和投资的迅速复苏，促进 GDP 保持正常的增长，稳定了就业形势，在短期内有效带动了中国资本市场的快速恢复，起到了提振经济，防止经济崩溃的重要作用。尽管长期而言，财政刺激并没有解决我国经济的根本动力问题，在通过政府支出来利用投资拉动经济的发展的同时也造成了民间投资的挤出效应，以及部分行业的产能过剩问题。但在国际金融危机的特殊背景下，财政刺激对于我国抵御外部不利冲击，避免经济大幅滑坡是十分有必要且具有重要意义的。

第 **6** 章
供给侧结构性改革的
原理与案例分析

6.1 供给侧结构性改革的整体概述

供给侧结构性改革标志着我国经济管理重心由需求调控转向供给调控，供给侧结构性改革逐渐深入经济管理和政策制定的诸多方面。同时，我国经济结构问题突出，有必要在供给侧寻求解决之道。实际上，供给侧发起的结构性改革具有深刻的经济背景。社会主义市场经济改革导向、经济运行新常态阶段性特征、经济发展面临跨越中等收入陷阱三者共同决定了供给侧结构性改革是实现经济稳定发展的必然选择。首先，坚持市场机制在资源配置中的决定性作用，客观上要求减少行政干预对资源配置的扭曲效应，提高资源供给和利用效率；其次，在经济新常态下，我国经济运行发生趋势性变化，原有的周期性调节手段不足以应对宏观经济变化；最后，我国跨越中等收入陷阱所依赖的要素发生了结构性变化，更多地要依赖制度和创新。一方面，供给侧结构性改革为我国经济提供了新的发展动力，有利于健全宏观经济调控体系；另一方面随着调控重心从需求侧转向供给侧，供给侧结构性改革面临着多重挑战。如何充分发挥供给侧结构性改革的动力效应，有效应对改革的困难挑战，具有重要的理论和现实意义。

供给侧结构性改革并非由我国首次提出，19 世纪初，萨伊定律对供给的作用给予了充分的重视。20 世纪 70 ~ 80 年代，美国和英国都实行过减税和国企改革等相关实践，形成凯恩斯学派之后，宏观经济管理中具有代表性的经济学流派，即供给学派。该理论认为，经济增长源于劳动力和资本等生产要素的供给和利用，市场会自动调节生产要素供给。美国供给学派认为，过高的税率会抑制私人投资和资本供给，从而使总产出下降，应实施减税政策，以减少政府干预和财政开支，促进生产发展。鉴于当时美国等经济体处于滞涨状态，供给学派要求实行紧缩的货币政策；英国供给管理则反对国家干预下的消费和投资刺激政策，主张国有企业私有化，降低税率，削减教育、医疗和社会保障支出。

在全球经济和金融危机后，欧盟委员会（European Commission）将结构性改革视为经济复苏的三大支柱之一，这些结构性改革大多属于供给侧调控措施，包括劳动力市场改革、第三产业自由化、提高服务产业商业环境和竞争力、鼓励创新等。欧盟对成员国推行的供给侧结构性改革措施进行了定量评价，认为这些措施对总产出和就业起到了很好的促进作用，对长期产出水平的提升作用尤其显著，虽然对经济竞争力提升作用有限，但对贸易伙伴国的总需求体现出较强的扩张效应。

我国供给侧结构性改革与上述理论和实践存在明显差别。首先，我国供给侧结构性改革并不否定需求调控的必要性，在强调供给调控的同时也重视需求调控；其次，我国供给侧结构性改革实际上是结构性的改革，包括生产要素结构、产业结构、供给主体结构等，而不是简单地调节供给总量。此外，我国处于特定的经济发展阶段，面临的问题比以往任何时期都更加复杂，供给学派等理论观点并不直接适用。我国新供给经济学派提出了有"新"有"立"、促进增长方式转变、促进供需平衡和结构优化、从供给端发力的经济主张。相对于需求侧而言，供给侧调控的复杂性、长期性和缓慢性等特点更加突出，新供给学派提出了"八双""五并重"等政策主张（贾康等，2013）。① 刘霞辉（2013）指出，供给侧结构性改革的目的不是扩大产能，而是更有效地重组生产和市场，

---

① 贾康，等. 中国需要构建和发展以改革为核心的新供给经济学 [J]. 财政研究，2013（1）.

提高产出效率，并促使供求趋向均衡，重点是提高供给要素的效率，促进要素质量的提高。[①]

6.1.1　供给侧结构性改革的起因

1. 需求结构已发生明显变化

一是"住""行"主导的需求结构发生阶段性变化。2013 年我国城镇常住人口户均达到 1 套房，2014 年每千人汽车拥有量超过 100 辆。根据国际经验，这个阶段"住""行"的市场需求会发生明显变化。2013 年后，我国新开工房屋面积、住房销售面积先后出现负增长，汽车销售进入低增长阶段。二是需求结构加快转型升级。随着收入水平提高和中等收入群体扩大，居民对产品品质、质量和性能的要求明显提高，多样化、个性化、高端化需求与日俱增。三是服务需求在消费需求中的占比明显提高。随着恩格尔系数持续下降、居民受教育水平普遍提高和人口老龄化加快，旅游、养老、教育、医疗等服务需求快速增长。四是产业价值链提升对研发、设计、标准、供应链管理、营销网络、物流配送等生产性服务提出了更高要求。

2. 供给侧明显不适应需求结构的变化

一是无效和低端供给过多。一些传统产业产能严重过剩，产能利用率偏低。2015 年钢铁产量出现自 2000 年以来的首次下降，水泥产量出现自 1990 年以来的首次负增长。二是有效和中高端供给不足。供给侧调整明显滞后于需求结构升级，居民对高品质商品和服务的需求难以得到满足，出现到境外大量采购日常用品的现象，造成国内消费需求外流。三是体制机制束缚了供给结构调整。受传统体制机制约束等影响，供给侧调整表现出明显的黏性和迟滞，生产要素难以从无效需求领域向有效需求领域、从低端领域向中高端领域配置，新产品和新服务的供给潜力

---

① 刘霞辉. 供给侧的宏观经济管理—中国视角 [J]. 经济学动态，2013（10）.

没有得到释放。

3. 推进供给侧结构性改革是供需结构再平衡的内在要求

供需结构错配是我国当前经济运行中的突出矛盾，矛盾的主要方面在供给侧，主要表现为过剩产能处置缓慢，多样化、个性化、高端化需求难以得到满足，供给侧结构调整受到体制机制制约。需求管理政策重在解决总量问题，注重短期调控，难以从根本上解决供需结构性矛盾，也难以从根本上扭转经济潜在产出水平下行趋势。当前，只有加快出清过剩产能，处置"僵尸企业"，推进资产重组，培育战略性新兴产业和服务业，建立有利于供给侧结构调整的体制机制，才能实现更高水平的供需平衡，增强我国经济持续健康发展的内生动力。

6.1.2 供给侧结构性改革的新动力

1. 构建双侧调控体系推动经济稳定发展

需求侧宏观调控对我国经济平稳发展起到了非常重要的作用，是我国经济实现稳定增长的有力工具。但以"三驾马车"为代表的需求侧宏观调控具有一定的局限性，随着我国宏观经济形势的变化，供给侧表现出矛盾的主要方面，有必要构建基于供给侧和需求侧的"双侧调控"体系，实现经济稳定与发展目标。这取决于经济运行以及供给侧和需求侧调控的基本规律和特征，具有深刻的理论基础。

（1）供求调节的成分导向。宏观经济变动由趋势性成分和周期性成分等组成。相应地，周期性调节和趋势性调节对调控政策的选择并不相同。供给侧调控以长期潜在产出为导向，效应具有长期性，在某种程度上具有治本之效，相对于经济运行更具主动性、引导性和前瞻性；需求侧调控属于短期调控政策，一般情况下不可长期持续执行，效应显现较快，有助于在短期内实现对经济调节的治标之效，相对于经济运行本身具有被动性、补充性和滞后性。我国经济增长速度换挡效应明显，经济增长速度的下降不仅体现出周期性成分的影响，更反映了经济增长趋势以及潜在增长率的作用。经济形势的变化决定了供给侧调控应该担任调控的主要任务，趋势性导向的调控政策理应由供给侧调控来实现，同时以需求侧调控掌握经济调整速度，为短期经济运行提供底部支持。

（2）供需调节的内生关联。在经济体内部，需求和供给两者相互依赖、互为内生，需求与供给的矛盾相互转化。采取以需求侧为主或以供给侧为主的调控方式取决于经济运行形式特征。一方面，我国需求侧调控存在政策效果递减、政策空间有限、有效需求不能得到满足、国外经济周期冲击等问题，需求侧调控的瓶颈影响了供给的有效性；另一方面，供给侧出现生产能力过剩、自然环境等生产条件破坏严重、人口红利逐渐消失等问题。资源配置低效率、供给成本和无效供给增加等弊端需要通过消费、投资和外贸部门进行消化，从而对需求侧调控产生制约。所以，无论是侧重需求侧的调控，还是侧重供给侧的调控，两者不可偏废。供给侧调控有助于纾解需求调控的压力，缓解供求之间的矛盾，从而形成双侧调控的宏观调控体系。

（3）供需调节的动态依赖。在经济运行中，供给和需求作为相互影响的两面，体现出动态转化关系：需求通过供给得到满足，供给根据需求得以开展。两者无论哪方面出现结构错配或总量差异，都会在动态运动中导致未来另一方也要进行相应调整，直至市场重新达到出清或均衡状态。从需求侧调控来看，其针对的对象是经济运行的周期性缺口，虽不直接影响潜在水平的变化，但要以潜在水平为依据。对潜在水平估计的系统性偏误会使需求调控过度使用，减弱经济抗风险能力，损害资本、自然环境等生产要素，并有可能最终导致潜在水平的不利变化。从供给侧调控来看，其短期经济稳定效果欠佳，无效供给、过度供给转化为过剩产能、无效产能，供给侧资源配置扭曲会增加经济周期波动。供给侧与需求侧调控的动态依赖性要求双侧调控的双管齐下，以促进经济稳定发展。

2. 强化增长动力因素实现经济稳定发展

（1）制度供给动力。从本质上说，供给侧结构性改革的制度供给含义就是要提供以市场为基础的经济和社会管理制度，充分发挥市场经济的决定性作用，重视新制度供给以释放制度红利。供给侧结构性改革涉及广泛的制度变革，包括：行政管理制度改革、产权制度改革、土地制度改革、国有企业改革、财税制度改革、金融制度改革、价格制度改革、社会福利制度改革、生态制度改革等（李佐军，2015）。[①] 通过制度供给和变革，降低经济发展的制度成本，激发市场主体的创新活力，提高要素的流动性和配置效率，扩大资源优化配置空间，使经济发展中的风险和收益有效匹配，以实现市场经济的效率目标。此外，制度供给中也要注重维护公平，通过分配制度变革促进社会全面发展。

（2）技术创新动力。在要素投入一定的条件下，经济增长中全要素生产率的贡献是生产效率的决定因素。在全要素生产率中，技术创新是核心的经济增长动力。通过优化技术创新，为传统企业技术改造提供支持，降低过剩产能和无效产能，提高经济发展的质量和技术含量，弥补劳动力和资本对经济增长贡献力的减弱。使企业成为创新主体，并享有创新带来的市场收益，为技术创新带来持续动力。另外，供给侧的技术创新对需求侧也具有改善作用。通过技术创新提高相关产业竞争力，促进出口产业结构和消费结构升级。

（3）结构优化动力。供给侧结构性改革具有明确的结构含义，包括产业结构、经济发展要素结构、供给主体结构等。产业结构中三大产业结构、落后产业与先进产业、贸易与非贸易产业结构是供给侧结构性改革的重要内容，尤其要抑制产能过剩产业，鼓励现代制造业和现代服务业；经济发展要素结构中劳动力、资本、土地与自然资源投入受限的情况下，要加大制度与创新的贡献度；供给主体结构优化，从供给侧优化市场供给结构和政府供给结构，实现供求良性循环和经济持续发展。

6.1.3　供给侧结构性改革的新挑战

1. 短期经济压力

我国供给侧问题比较严重：钢铁、水泥、建材等行业投资过度；生产环境不堪重负；人口老龄化和劳动力资源减少；国有企业和地方政府债务

---

① 李佐军. 准确把握供给侧改革［N］. 北京日报，2015 - 12 - 28.

杠杆过高；养老、医疗、教育、社会保障等公共产品和服务供给严重不足。为此，供给侧结构性改革要求完成"去产能、去库存、去杠杆、降成本、补短板"五大任务。但是，我国金融市场融资结构的调整对过度依赖间接融资的市场主体会产生明显冲击。产能过剩涉及的产业和企业规模较大，去产能的产业结构调整需要考虑产出水平下降和就业人数减少等方面的经济和社会负担。所以，结构性改革可能会抑制投资和生产，也可能会减少消费方面的需求，给短期经济运行造成较大压力。

2. 财政收支压力

"去杠杆"对财政部门尤其是地方财政来说非常不易。我国地方政府债务问题严重，债务杠杆较高且增长速度较快，债务风险不断累积，威胁着财政和经济稳定。地方财政在"去杠杆"过程中，必须执行严格的财政紧缩政策，地方财政收支压力不容忽视。"补短板"要求对公共服务提高支出比重，以满足公众由于经济发展水平提高和人口结构变化所产生的相关需求，提高公众预期的确定性，释放私人消费的需求动力，这对财政支出水平提出了较高要求。"降成本"要求财政降低纳税人的税收负担和费用负担，财政收入压力较大。

3. 制度创新阻力

制度创新要求政府行政管理制度做到简政放权、放松管制，无疑会受到较大的阻力。土地制度和生态制度改革压缩了地方政府的政策和收入空间，还原了地方经济发展应有的成本。国有企业改革要求打破垄断，必然会触及既得利益，改革阻力较大，改革过程不会一蹴而就。财税制度和金融制度改革对经济整体冲击较大，结构性减税、财政分权体制改革和金融市场准入放开等措施困难较大。以农产品价格、能源价格等为主的价格制度改革可能与其他调控目标相悖，实现兼顾价格稳定、供给安全、收入公平等目标会更加困难。

6.1.4　主要措施和政策

（1）优化产业结构，淘汰落后产能：通过实施钢铁、煤炭、水泥等行业的去产能政策，淘汰、整合过剩产能，减少市场竞争压力，提高产业生产效率。加强新兴产业发展：加大对新一代信息技术、节能环保、生物医药、新能源等战略性新兴产业的支持力度，通过财政补贴、税收优惠等手段推动其发展壮大。促进传统产业改造升级：通过技术升级、绿色转型等手段，提升传统产业的竞争力和附加值，推动产业升级和结构调整。

（2）提升全要素生产率，加大科技创新支持力度：增加研发投入，加强知识产权保护，建立创新型企业孵化基地，推动科技成果转化和应用，提高科技创新对经济增长的贡献率。推动人力资源培养：加强职业教育和技能培训，提高劳动者的素质和技能水平，促进劳动力市场的供需匹配，提高全要素生产率。加强市场体系建设：推动市场化改革，优化资源配置，打破垄断，鼓励竞争，提高经济运行的效率和效益。

（3）深化金融体制改革，支持实体经济发展：加大对中小微企业的信贷支持力度，完善金融服务体系，提升金融机构为实体经济服务的能力和水平。精简金融机构：通过整合、兼并、重组等方式，减少低效冗余的金融机构，提高金融机构的综合竞争力和服务效率。强化金融风险防控：加强金融监管，完善风险评估和监测机制，防范金融风险的发生和传导，维护金融市场的稳定运行。

（4）房地产市场调控，限制投资性购房：加强对投资性购房的限制，通过限购、限贷等手段控制购房需求，防止房地产市场泡沫化。针对炒房行为，采取多种手段进行打击和惩治，保护居民的住房需求。

加强土地供应和流转：增加土地供应，提高土地使用效率。推动农村土地集体经营性建设用地入市，推进农村宅基地二次开发，促进农民增收。加大土地流转力度，鼓励土地集约利用，推动农村土地资源向更有潜力的领域和行业转移，为城市发展提供土地支持。

完善调控政策体系：建立健全房地产市场调控长效机制，定期评估市场情况，根据需要及时调整政策。加强金融监管，严控房地产相关金融风险。完善房地产市场价格监测和预警机制，防范市场异常波动。

支持租赁市场发展：加大对租赁住房的政策支持和资金投入，通过建设租赁住房供应体系，吸引社会资本进入租赁市场。优化租赁合同和税收政策，提高租赁市场的规范性和可持续性，满足居民多样化的住房需求。

加强房地产市场监管：加大房地产市场监管力度，严厉打击违法违规行为，维护市场秩序。加强对房地产开发企业的资质审查和信用监管，提高市场主体的规范运行水平。加强信息公开，强化对房地产市场的监测和分析，及时发布市场信息，引导市场预期。

（5）高端制造业发展：加大科技创新投入，支持高端制造业技术研发和转化。建立国家创新体系，推动产学研深度合作，鼓励企业加强自主创新，加强知识产权保护，提高企业的核心竞争力。

加强人才培养和引进：加大高端制造业人才培养力度，优化教育体制，建立高层次人才培养机制。引进海外高端人才，推动国际人才合作交流，提升高端制造业的人才队伍素质和水平。

推进产业协同发展：促进高端制造业与先进制造业、现代服务业的融合发展。鼓励形成产业链、创新链、供应链的协同发展模式，优化产业布局，提高资源利用效率。

改革完善相关政策和法规：加大政府支持力度，推动高端制造业发展。深化行政审批制度改革，简化审批流程，降低企业创新和投资成本。加强知识产权保护，提高技术标准和质量管理水平。

加强质量监管和品牌建设：加强质量监管，推动高端制造业产品质量提升。鼓励企业加强品牌建设，培育知名品牌，提高产品附加值和市场竞争力。提供金融支持和服务：加大金融支持力度，为高端制造业提供融资和信贷支持。优化金融服务，提供定制化的金融产品和服务，满足高端制造业的需求。

总而言之，中国供给侧结构性改革旨在通过优化供给结构，提高全要素生产率，实现经济高质量发展。通过一系列措施和政策的推动，中国经济已取得一定成效，但同时也面临着一些挑战和问题。未来，中国将继续推进供给侧结构性改革，不断优化经济结构，提高全要素生产率，实现经济的可持续健康发展。

6.2 供给侧结构性改革的推进过程与成效

2015 年底的中央经济工作会议提出，2016 年及今后一个时期，着力加强供给侧结构性改革，主要是抓好去产能、去库存、去杠杆、降成本、补短板五大任务。这是中央首次把"三去一降一补"列为供给侧结构性改革的主要任务。在这五大任务中，去产能包括化解过剩产能和淘汰落后产能，主要是优化供给结构、矫正资源错配和促进产业升级；去库存是指减少部分城市尤其是三、四线城市房地产的过多库存，主要是抑制房地产市场泡沫，促进房地产业稳定发展；去杠杆是降低整个经济特别是企业部门、地方政府的过高债务率，防范和化解金融风险，保障供给领域安全；降成本是降低企业成本负担特别是税费、融资等交易成本和制度成本负担，缓解企业经营发展困难，促进供给能力和效率提升；补短板主要是加强薄弱环节和短板领域建设，推动有效投资增加、有效供给扩大和提高发展协调性。这几个方面都是我国供给领域存在的突出问题，也是需要依靠调结构、促改革去化解矛盾的重要内容。

就实践而言，自提出供给侧结构性改革以来，中央与各级地方政府围绕"三去一降一补"五大任务以及"把实施扩大内需战略同深化供给侧结构性改革有机结合起来"等重要任务，采取了一系列举措，已经取得较为明显的阶段性成果。

首先，较好地完成了"三去一降一补"五大任务。去产能进展顺利，重点行业的大量过剩产能得到化解，产能利用率提高。数据显示，截至2022年底，全国共淘汰落后产能和化解过剩产能钢铁约3亿吨、水泥约4亿吨。去库存成效明显，房地产市场发展更趋平稳。去杠杆步履稳健，工业企业资产负债率连续下降，宏观杠杆率上升势头得到遏制。降成本立竿见影，2022年全年新增减税降费及退税缓税缓费超4.2万亿元，企业减负明显。补短板持续发力，推进脱贫攻坚，实施乡村振兴战略，一批重大民生工程落地见效，医疗、生态环境保护等多个领域财政投入力度持续加大。①

其次，高质量供给不断增加、新产业不断涌现，为经济发展注入新动能。在供给侧结构性改革的助推下，我国不断加强技术创新，高新技术产品越来越受青睐，2022年高新技术产品出口总额上升至近1万亿美元。一

---

① 陈彦斌. 深化对供给侧结构性改革的认识 ［N］. 经济日报，2023－10－11.

大批以物联网、大数据、人工智能为代表的新产业新业态不断涌现，2022年我国新产业、新业态、新商业模式经济增加值占 GDP 的比重达到17.36%。此外，我国经济发展新动能指数也大幅提升，反映出新产业的良好发展态势。①

总体而言，供给侧结构性改革助推了我国宏观经济治理体系不断健全，体现了对西方宏观经济理论的超越。西方宏观经济政策主要应对的是总需求冲击所引发的经济波动，调控范围聚焦需求侧。供给侧结构性改革则聚焦供给侧，并与需求侧管理相互配合。由此，我国宏观经济治理较好地实现了对需求侧和供给侧的全面调控，下面分别从不同层面详细介绍供给侧结构性改革的实施情况。

6.2.1　企业层面的供给侧结构性改革

推进企业层面的工业供给侧结构性改革，主要是为了解决当前我国企业素质结构、企业产品结构和企业所有制结构还不适应需求结构变化的问题，当前需要面对的关键任务是积极稳妥处置"僵尸企业"，提升我国工业企业整体素质，形成市场主导资源配置的体制机制、降低实体企业成本和深化国有企业改革，完善企业创新发展环境。

"僵尸企业"（Zombie Company 或 Zombie Firm）一般认为是已经不具有自生能力，但由于种种原因不能市场出清，主要依靠政府补贴、银行贷款、资本市场融资或借债而勉强维持运营的企业。"僵尸企业"的定量鉴别十分复杂，学术界定量分析界定"僵尸企业"的标准包括：一是扣除非经常损益后每股收益连续 3 年为负数；二是企业获得的贷款利息率低于正常的市场最低利息率或者最优利率；三是实际亏损、负债高但借款总额高于去年，或者综合采用这些标准。从处置"僵尸企业"看，政府一般还要考虑企业是否符合能耗、环保、质量、安全等标准，是否资不抵债，是否处于产能过剩行业，是否处于停产或半停产状态。由于标准不同，实际上，实证研究我国现阶段有多少"僵尸企业"比较困难。近两年来，受经

①　陈彦斌. 深化对供给侧结构性改革的认识［N］. 经济日报，2023 – 10 – 11.

济增长放缓、产能过剩问题加剧、市场需求疲软的影响，许多企业的经营状况持续恶化而市场又不能自动出清，形成了众多的"僵尸企业"。中国现阶段的"僵尸企业"大多分布在产能过剩的行业，既包括处于钢铁、水泥、电解铝等产能绝对过剩行业中，也包括存在于光伏、风电等产能相对过剩行业中。从所有制结构看，"僵尸企业"大多属于社会包袱重、人员下岗分流难度大、容易获得银行贷款的企业。"僵尸企业"的成因较为复杂，宏观经济环境、产业所处生命周期、企业自身经营管理水平和技术水平都是重要的因素，但是，从根本上说，当前"僵尸企业"的存在主要是因为我国市场机制不完善、政府过度保护、产业政策选择性过强，使得市场无法快速出清而造成的。"僵尸企业"的大量存在，会降低资源使用效率，恶化市场竞争秩序，加剧金融风险，严重影响到我国经济的健康可持续发展。

虽然"僵尸企业"的大量存在会引起上述风险，但并不意味着所有"僵尸企业"都应被淘汰。20世纪90年代后期到21世纪00年代早期，日本"僵尸企业"中的大部分并没有破产或退市，而且大部分存活下来的"僵尸企业"的绩效在近年来还有了显著的提高。"僵尸企业"情况千差万别，切忌采取"一刀切"的处置办法，而应全面分析企业经营困难程度、成因和未来发展潜力，以此为基础，抓住重点、分类化解、精准施策、协调推进。一是全面评估。对具有资产负债率高企、无法准时偿还银行到期利息、纳税额明显减少、用电量明显降低、拖欠职工工资等特征的企业进行重点排查，委托专业机构对"僵尸企业"的资产负债状况和发展潜力进行评估。二是要精准处置。根据"僵尸企业"情况差异，清理退出一批、兼并重组一批、改造提升一批。对落后、绝对产能过剩产业和衰退产业中长期亏损和停产的企业要加快清理退出，对主要由于管理水平落后、暂时性的产能过剩而出现亏损但企业技术装备水平较高、产业发展前景长期看好的企业重在兼并重组或者改造提升。三是要协调配套推进。具体包括创新金融手段和工具，推进金融体系改革与处置"僵尸企业"相结合，通过市场化的多种融资手段支持"僵尸企业"在市场出清；完善社会政策，促进社会政策与"僵尸企业"破产政策相协调；健全法律制度，更多地依靠法律手段推进"僵尸企业"的破产、兼并、重组；转变产业政策，纠正不恰当的财政补贴等市场扭曲行为，实现从强选择性产业政策向对所有企业一视同仁的功能性产业政策转变；深化国有企业改革，积极引进民营资本开展混合所有制改革，推动民营企业对"僵尸企业"中的优质资产进行兼并重组。

6.2.2　金融层面的供给侧结构性改革

1. 非金融企业去杠杆

非金融企业去杠杆是指在供给侧结构性改革的背景下，通过市场化、法治化的手段，降低非金融企业部门的债务水平和杠杆率，减少企业对外部借款的依赖，从而提高企业效率和盈利能力，降低债务风险和金融风险，促进企业经济结构优化和增长质量提升。

（1）相关政策实施。

2016 年 10 月国务院印发《关于积极稳妥降低企业杠杆率的意见》（以下简称《意见》）明确要以市场化、法治化方式降低企业杠杆率，开展市场化债转股，以有效防范和化解债务风险，助推经济转型升级。《意见》明确了降杠杆的原则，即遵循市场化、法治化、有序开展、统筹协调的原则，充分发挥市场在资源配置中的决定性作用和更好发挥政府作用；依法依规开展降杠杆工作，政府与各市场主体都要严格依法行事，防范道德风险，政府不承担损失的兜底责任；充分考虑不同类型行业和企业的杠杆特征，分类施策；与企业改组改制、降低实体经济企业成本、化解过剩产能、促进企业转型升级等工作有机结合。同年 12 月中央经济工作会议和2017 年《政府工作报告》均要求在控制总杠杆率的前提下，将降低企业杠杆率作为重中之重。

2017 年 7 月全国金融工作会议上指出，国有企业去杠杆成为经济去杠杆的重中之重。在宏观杠杆率涨幅收窄、工业企业资产负债率连续下降的背景下，2018 年 4 月中央财经委员会第一次会议首次提出结构性去杠杆，目标是尽快降低地方政府和企业特别是国有企业杠杆率，使宏观杠杆率趋稳并逐步下降。2018 年 8 月由国家发改委、人民银行、财政部、银保监会和国资委联合下发的《2018年降低企业杠杆率工作要点》进一步细化了去杠杆的具体措施。

（2）政策成果。

非金融企业去杠杆政策自2016年开始实施，主要通过兼并重组、市场化债转股、依法破产等途径，推动企业优化债务结构、盘活存量资产、增强自我约束。2016～2019年在去杠杆政策的作用下宏观杠杆率趋稳。2015年年末"去杠杆"这一改革任务提出后，2017年第二季度宏观杠杆率开始下降。但由于2019年以来国内外经济形势严峻，在经济下行和银行信贷增加的共同影响下，2019年宏观杠杆率有所反弹。这也体现了政策层在当前结构性去杠杆过程中面临的防风险与稳增长之间的权衡问题。

经过几年的努力，非金融企业部门的宏观杠杆率从2016年3月的157.3%下降到2019年12月的151.9%，呈下降态势，但自2020年疫情以来，非金融企业部门的宏观杠杆率不断上升，至2023年3月份该值为167%（见图6.1）。

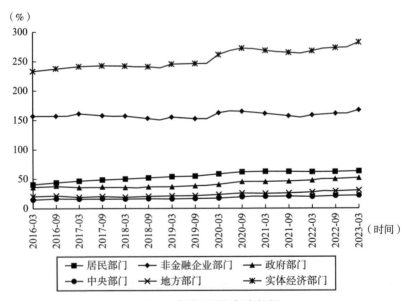

图6.1 我国宏观杠杆率数据

资料来源：国家金融与发展实验室。

中国的非金融企业杠杆率在2020年末为162.3%，一年中上升了10.4个百分点（见图6.2）。根据国际金融协会的数据，美国、英国、日本和德国的非金融企业杠杆率在2020年分别上升了6.1个、6.6个、2.8个和6.2个百分点，均小于中国的增幅。且大部分国家在下半年的非金融企业杠杆率已经开始下行。2020年全球杠杆率上升主要体现在居民和政府部门，而非金融企业部门的杠杆率增长幅度是有限的。这在一定程度上体现出疫情冲击下我国与其他（发达）经济体救助方式上的差异：我国侧重于保市场主体，支持企业，导致企业杠杆率大幅攀升；其他（发达）经济体更侧重于对居民部门的支持，包括向居民直接派发现金，而企业债务增速甚至是有所下降的。

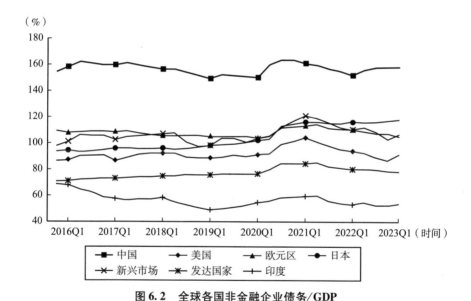

图6.2 全球各国非金融企业债务/GDP

资料来源：https：//www. macroview. club/view_chart? name＝debt_to_gdp_company。

与全球平均水平进行比较，中国非金融企业杠杆率远高于发达经济体和发展中经济体的平均水平。根据国际金融协会的数据，2020年末发达经济体和发展中经济体的非金融企业杠杆率分别为98.2%和103.5%，一年中分别上升了7.0个和10.3个百分点。我国非金融企业杠杆率较高，且2020年的增幅也大于全球平均水平，主要有两点原因。一是我国部分地方政府的隐性债务（主要是地方政府融资平台债务）是以企业部门杠杆的形式出现的。如果将这部分债务划归到政府部门，则非金融企业杠杆率会降低 30~50 个百分点。二是我国的股权市场发展有限，债务融资依然是非金融企业的主要资金来源，导致了更高的企业杠杆率水平。

2. 金融风险防范

金融风险防范是指采取有效的措施，预防和避免金融体系内部或外部因素引发的金融危机，维护金融稳定和安全。金融风险防范涉及多个方面，包括加强金融监管、完善金融法律制度、规范金融市场秩序、控制金融杠杆、防止资产泡沫、化解不良资产、处置"僵尸企业"、破除隐性担保等。

金融风险防范是我国金融监管的重中之重。近年来，有关部门按照"稳定大局、统筹协调、分类施策、精准拆弹"的基本方针，打好防范化解重大金融风险攻坚战，持续推动健全金融稳定长效机制，有效应对复杂严峻的国内外形势和新冠疫情的冲击考验，维护了金融稳定安全发展大局，为金融业持续健康发展营造了安全稳定的良好环境。

（1）相关政策实施。

金融风险防范政策自 2017 年开始加强，主要通过建立全面覆盖的宏观审慎管理框架，完善多层次监管协调机制，加大对影子银行、互联网金融等领域的监管力度，强化市场主体责任和约束等措施，提高金融体系抵御风险的能力。

2018 年党的十九大报告中首次提出的新表述"三大攻坚战"：防范化解重大风险、精准脱贫、污染防治。第一大攻坚战就是防范化解重大风险，其主要指的就是金融风险。当前中国经济的金融风险主要来自 5 个方面：资产泡沫、外汇市场、债务问题、金融乱象和宏观政策波动。

2021 年，银保监会有序开展了金融领域反垄断和反不正当竞争整治，稳妥处理高风险金融机构。一方面，针对金融反垄断和防止资本无序扩张的实际需要，在银行、保险、证券以及其他金融领域采取了一系列措施，例如，研究制定了银行保险机构大股东行为监管办法和股权管理办法，开展公司治理三年行动计划，强化实业板块和金融板块风险隔离等，取得初步成效。另一方面，坚持金融业务必须持牌经营，对于同类业务、同类主体一视同仁，对违法违规金融活动"零容忍"，坚决制止监管套利。

2021年12月31日，为贯彻落实党的十九大关于"健全货币政策和宏观审慎政策双支柱调控框架"的重大决策部署，完善宏观审慎政策治理机制，提高防范化解系统性金融风险的能力，中国人民银行发布《宏观审慎政策指引（试行）》。该文件是我国首次发布的宏观审慎政策文件，明确了宏观审慎政策的目标、原则、框架、工具和协调机制。

（2）政策成果。

中国人民银行发布了《中国金融稳定报告（2020）》。报告认为，面对复杂局面，金融系统坚持稳中求进总工作基调，坚持新发展理念，紧紧围绕服务实体经济、防控金融风险、深化金融改革三项任务，坚持实施稳健的货币政策，坚决打好防范化解重大金融风险攻坚战，持续深化金融供给侧结构性改革，不断改善金融管理和服务，为促进经济高质量发展创造了良好的货币金融环境。

有效遏制了宏观杠杆率过快上升的势头，实施了结构性去杠杆，为应对疫情冲击赢得了操作空间。有序处置了包商银行等高风险金融机构，化解了重大风险，强化了市场纪律。妥善应对了企业债务违约风险，推动银行业金融机构加大不良贷款处置力度，完善了债券违约处置机制。全面治理了互联网金融和非法集资等风险，严厉打击了非法集资等活动。推进了防范化解金融风险制度建设，出台了资管新规及相关配套细则，治理了影子银行无序发展，建立了系统重要性金融机构、金融控股公司、金融基础设施等统筹监管框架，深化了资本市场改革。

防范化解金融风险攻坚战取得重要阶段性成果，金融杠杆率明显下降，金融资产脱实向虚、盲目扩张势头得到扭转。银保监会2023年1月召开的年度工作会议要求，2023年要全力支持经济运行整体好转，把支持恢复和扩大消费摆在优先位置，努力促进金融与房地产正常循环，加快推动中小银行改革化险，积极推动信托等非银机构聚焦主业转型发展，有效应对信用风险集中反弹。

经过几年的努力，我国金融体系运行总体平稳，各类风险得到有效控制和化解。但同时也面临一些困难和压力，如国内外经济形势复杂多变，新冠疫情带来不确定性，部分领域和环节仍存在潜在风险等。

6.2.3　资本市场的供给侧结构性改革

1. 调整资本市场的相关政策

资本市场是一个国家经济发展的重要组成部分，对于促进经济增长、吸引投资、提高企业竞争力等方面起着重要作用。因此，调整资本市场的相关政策是非常必要的。本节将从完善市场监管、提高市场透明度、加强投资者保护、促进市场创新等方面，探讨如何调整资本市场的供给侧相关政策。

首先，完善市场监管是调整资本市场的重要一环。市场监管是保障市场公平、公正、公开运行的基础，对于防范市场操纵、内幕交易等违法行为起着重要作用。因此，应加强对市场监管机构的建设和培训，提高监管能力和水平。同时，加强对市场交易的监测和监控，及时发现和处理违法行为，维护市场秩序。此外，加强对上市公司的监管，加强信息披露的规范，提高市场的透明度，防止信息不对称，保护投资者的合法权益。

其次，提高市场透明度是调整资本市场的另一个重要方面。市场透明度是市场公平、公正、公开运行的基础，对于吸引投资、提高市场竞争力起着重要作用。因此，应加强对市场信息的披露和公开，提高市场的透明度。同时，加强对市场交易的监测和监控，及时发现和处理违法行为，维护市场秩序。此外，加强对上市公司的监管，加强信息披露的规范，提高市场的透明度，防止信息不对称，保护投资者的合法权益。

再次，加强投资者保护是调整资本市场的另一个重要方面。投资者保护是保障投资者合法权益的基础，对于提高投资者信心、吸引投资起着重要作用。因此，应加强对投资者的教育和培训，提高投资者的风险意识和投资能力。同时，加强对投资者的保护，建立健全投资者保护机制，及时处理投资者的投诉和纠纷，保护投资者的合法权益。此外，加强对金融机构的监管，防止金融机构违法行为对投资者造成损失，保护投资者的合法权益。

最后，促进市场创新是调整资本市场的另一个重要方面。市场创新是提高市场竞争力、推动经济发展的重要动力，对于吸引投资、提高企业竞争力起着重要作用。因此，应加强对市场创新的支持和引导，鼓励企业创新，推动市场创新。同时，加强对市场创新的监管，防止市场创新过程中出现的违法行为，保护投资者的合法权益。此外，加强对市场创新的研究和评估，及时发现和解决市场创新中的问题，推动市场创新的健康发展。

综上所述，调整资本市场的相关政策是非常必要的。完善市场监管、提高市场透明度、加强投资者保护、促进市场创新等方面的政策调整，将有助于提高资本市场的运行效率和竞争力，促进经济的健康发展。因此，相关政策的调整应得到政府的高度重视和支持，同时也需要各方共同努力，形成合力，推动资本市场的健康发展。

专栏：现代资本市场的发展历程

资本市场是人进行融资和投资的市场，它是经济发展的重要组成部分。资本市场的发展历程可以追溯到古代，但现代资本市场的形成和发展主要经历了以下几个阶段。

第一阶段：股份公司的兴起（17 ~ 18 世纪）

资本市场的起源可以追溯到 17 世纪的荷兰，当时荷兰东印度公司成为世界上第一家股份公司。股份公司的兴起为资本市场的发展奠定了基础，它通过发行股票吸引投资者，实现了企业的融资和扩张。

第二阶段：证券交易所的建立（19 世纪）

19 世纪是资本市场发展的关键时期，当时许多国家建立了证券交易所，如伦敦证券交易所、纽约证券交易所等。证券交易所提供了一个集中交易的场所，使得股票和债券的交易更加便捷和透明，吸引了更多的投资者参与。

第三阶段：金融创新和全球化（20 世纪）

20 世纪是资本市场发展的高峰时期，这一时期出现了许多金融创新和全球化的趋势。例如，20 世纪 70 年代的期货市场的兴起，使得投资者可以通过期货合约进行更加灵活和多样化的投资。此外，国际资本流动的增加也促进了资本市场的全球化，投资者可以通过跨国投资来获取更多机会和回报。

第四阶段：金融危机与监管加强（21 世纪）

21 世纪以来，资本市场发展面临着新的挑战和机遇。2008 年的全球金融危机暴露了金融市场的风险和不稳定性，引发了对金融监管的重新思考和加强。各国纷纷加强金融监管，加强对金融机构的监督和管理，以避免类似的危机再次发生。此外，随着科技的发展，资本市场也面临着数字化和创新的挑战。例如，互联网金融的兴起使得投资者可以通过在线平台进行交易和投资，降低了交易成本和门槛。同时，加密货币和区块链技术的出现也为资本市场带来了新的机遇和挑战。

总的来说，资本市场的发展历程经历了股份公司的兴起、证券交易所的建立、金融创新和全球化以及金融危机与监管加强等阶段。随着科技的发展和全球化的深入，资本市场将继续发展和演变，为经济发展提供更多的融资和投资机会。

2. 金融服务实体经济的改革

金融服务实体经济改革指通过改革金融体制和金融政策，提高金融机构对实体经济的支持力度，促进实体经济的发展。实体经济是指以生产和经营实物产品和提供实物服务为主要目标的经济活动，是国民经济的基础和主体。金融服务实体经济的改革是当前金融改革的重要方向之一，对于促进经济增长、提高产业竞争力、推动经济结构调整具有重要意义。

首先，金融服务实体经济的改革需要加强金融机构的服务意识和服务能力。金融机构作为实体经济的重要支持者和服务者，应该更加注重服务实体经济的本质需求，提供更加贴近实体经济的金融产品和服务。金融机构应加强对实体经济的了解和研究，深入了解实体经济的发展需求和风险特征，根据实体经济的需求创新金融产品和服务，提供更加个性化、差异化的金融服务。

其次，金融服务实体经济的改革需要加强金融机构的风险管理能力。

实体经济的发展过程中存在着各种风险，如市场风险、信用风险、流动性风险等。金融机构作为实体经济的风险管理者，应加强对风险的识别、评估和控制，提高风险管理的能力和水平。金融机构应建立健全风险管理制度，加强对实体经济的信用评估和风险监测，及时发现和处理风险，保护实体经济的健康发展。

再次，金融服务实体经济的改革需要加强金融机构的创新能力。实体经济的发展需要金融机构提供创新的金融产品和服务，以满足实体经济的多样化需求。金融机构应加强对金融科技的应用和创新，推动金融科技与实体经济的深度融合，提高金融服务的效率和便利性。金融机构还应加强对新兴产业和创新型企业的支持，为其提供更加灵活、个性化的金融服务，促进实体经济的创新发展。

最后，金融服务实体经济的改革需要加强金融监管的力度和水平。金融监管是保障金融服务实体经济的重要保障，对于防范金融风险、维护金融市场秩序起着重要作用。金融监管机构应加强对金融机构的监管，加强对金融产品和服务的审查和监测，及时发现和处理违法违规行为，保护实体经济的合法权益。金融监管机构还应加强对金融创新的监管，减少金融创新过程中出现的风险和问题，保护实体经济的健康发展。

综上所述，金融服务实体经济的改革是当前金融改革的重要方向之一。加强金融机构的服务意识和服务能力，提高金融机构的风险管理能力，加强金融机构的创新能力，加强金融监管的力度和水平，是金融服务实体经济的改革的重要内容。只有通过不断的改革和创新，才能建立一个更加健康、稳定和可持续发展的金融体系，为实体经济的发展提供更加有力的支持。

6.2.4　房地产长效机制建设

房地产长效机制建设是指为了促进房地产市场稳定发展、保障市场秩序、调控市场波动而制定和实施的一系列经济政策和行政措施。坚持"房子是用来住的、不是用来炒的"定位，不把房地产作为短期刺激经济的手段，全面落实稳地价、稳房价、稳预期的房地产长效机制。因此，房地产长效机制的大框架，是行政手段、"三稳"、住房制度、租赁住房、土地、金融。

1. 房地产市场调控的长效机制

房地产市场调控的长效机制是指旨在维护房地产市场稳定，防范市场风险，满足居民住房需求的一系列政策和措施。长效机制的指导思想是坚持"房子是用来住的、不是用来炒的"定位。自2016年以来，有关长效机制建设的政策表述一般会强调"符合中国国情、适应市场规律"，这成为两项基本要求。在近年来的政策表述中，稳地价、稳房价、稳预期（"三稳"）成为实施房地产发展长效机制的目标。它包括政府的宏观调控政策、法律法规的制定、金融支持和土地供应等方面。

2. 具体政策与实施

宏观调控政策是调整并维护房地产市场稳定的重要手段。例如，政府可以通过调控货币供应、加强信贷监管、调整利率水平、限制购房贷款等方式来影响市场供需关系，防止房价过快上涨。同时，政府还可以通过调整税收政策和提高土地供应等措施来稳定房地产市场，例如，形成高端有遏制、中端有鼓励、低端有保障的差别化税率体系，适时征收房产税或物业税，研究征收土地增值税。

土地供应管理是长效机制中的重要一环。政府应加大土地供应力度，控制土地供应总量，优化土地使用结构，控制拍卖土地价格，确保房地产市场供需平衡。例如，通过拓宽土地供应渠道、提高土地使用效率，以及合理规划土地用途和强化土地出让管理，确保土地供应与市场需求相匹配。

住房保障政策是长效机制中的重要组成部分。政府应建立健全的住房保障体系，加大对经济困难群体的保障力度，确保基本住房需求得到满足。例如，通过建立公共租赁住房、廉租住房和保障性住房项目，提供给低收入家庭或困难群体，解决他们的住房问题；完善政府公租房体系，培育商品房租赁市场。

市场监管是确保房地产市场秩序和健康发展的重要手段。政府应加强对市场行为的监管，打击违法违规行为，维护市场秩序，防范房地产市场泡沫和风险。例如，建立健全的监管机制和法律法规体系，加强市场监测和数据分析，及时发现和应对市场异常波动，维护市场稳定。

金融支持是房地产市场调控的重要手段之一。政府应建立健全的金融体系，为房地产开发和购地提供融资支持，保障市场的流动性和稳定运行。例如，通过设立专门的房地产开发基金、提供优惠的贷款利率和融资渠道，支持房地产企业的开发和购地需求，促进市场平稳发展；坚决守住开发商用自有资金拿地这条底线，坚决防止开发商多账户借款，认真管好住房抵押贷款。

6.2.5　全球产业链

最新一轮的全球产业链变革始于 20 世纪 80 年代中后期，是由多种因素促成的。首先是信息和通信技术革命，使得工业化国家的企业能够将其生产过程的某些部分转移到其他国家或地区，同时还能够保持供应链管理的顺畅、高效。其次是世界贸易组织和区域一体化组织的成立和发展，它们极大地降低了国际贸易成本，尤其是关税和其他非关税壁垒。最后是众多发展中国家参与全球产业链，尤其是东欧、东亚和东南亚等一些国家或地区。在过去 50 年，世界贸易与世界 GDP 的比率增加了 1.72 倍，其中 80% 的增长发生在 1986 ~ 2008 年。因此，1986 ~ 2008 年被称为贸易自由化的黄金时代、"超全球化时期"。

但是，近几十年来贸易保护主义、单边主义抬头，再加上新冠疫情冲击和中美贸易摩擦，以及新近发生的西方国家对俄罗斯全面制裁，都对全球产业链已经产生或即将产生重要影响。纵观全球，全球产业链正发生重大变动，呈现新的特点和态势，全球价值链步入深度调整期。

全球产业链出现了以下 4 个新变化。

1. 国际政治因素对全球产业链的干扰增加

当今世界处于百年未有之大变局，除了自然灾害、疫情等无法预见的因素外，国际政治因素对全球产业链的干扰将越发频繁。在信息和通信技术（ICT）革命中，中国扮演"最终组装工厂"，美国扮演"最大消费者"，而且对商业和国防都具有重大影响，意识形态更可能成为"破坏"全球价值链的角色。实际上，随着在全球 GDP 占比的下降，美国将越来越频繁地以意识形态划线对新兴国家采取遏制政策，对全球产业链带来重大冲击。

2. 全球产业链呈现本土化和区域化趋势

从 2008 年美国金融危机以后，西方发达国家就开始推动"制造业回归"计划。2020 年以来，面对新冠疫情的冲击，西方发达国家进一步实施关键供应链回归政策。2021 年 12 月，美国商务部部长宣布，寻求成立一个超越 CPTPP 的新型经济架构，聚焦供应链协调、出口管制和人工智能标准等领域，维持"安全的供应链"。而由于技术进步特别是自动化技术、人工智能等技术发展，许多制造和服务环节由劳动密集转变为技术和资金密集，发达国家劳动力昂贵的制约因素被弱化，竞争力有所回升，此时的"回归"也开始具备经济合理性，成为一个现实选项。

与此同时，2008 年以来，受贸易保护主义、美国单边政策等因素的影响，多边贸易谈判陷入僵局，但北美、欧盟、RCEP 及美洲、非洲各类自由贸易区在构建区域内联系与对话机制、推动区域或双边多领域合作等方面发挥着越来越大的作用，促使全球产业链向区域化方向发展。

3. 知识垄断成为全球产业链的新特点

数字技术开启了新一轮科技革命，并走向大规模商业化应用，给全球产业链带来越来越重要的影响。与其他技术不同，数字技术的知识垄断不仅基于知识产权问题，还因为其无形资产的特殊经济性，即由高固定成本和低或零可变成本产生的规模经济、网络外部性和互补性。具有先发优势的互联网平台一旦形成，从服务第一个客户扩展到 10 亿个用户，边际成本很小，甚至可以忽略不计，几乎接近自然垄断，知识垄断企业的市场力量因知识垄断而增强。

在数字技术无形资产的市场中，一方面，处于顶端的知识垄断企业具有加价定价权和高集中度；另一方面，龙头企业能够在低层供应商之间引发激烈竞争。这样，在全球产业链重构中，一方面促使领先国家在国际贸易协定中越来越强调知识产权监管；另一方面促使新兴国家持续强化原始创新，以突破发达国家知识垄断。根据联合国贸易和发展会议发布的数据，在世界前 100 个数字平台中，虽然美国仍遥遥领先，但亚太地区（主要是中国）也拥有 45 个平台。随着数字技术商业化应用不断向其他更多行业扩展，以及越来越多新兴国家加入知识垄断的竞争，全球产业链正在塑造新的格局。

4. 新技术革命推动全球产业链跨行业和跨业态深度融合

技术创新越来越多地跨越部门，出现在硬件和软件、制造业和服务业的交叉点，将以前不同的价值链整合到更大的商业生态系统中。智能手机是数字经济的门户产品，它连接着多个部门的价值链和创新系统，如移动通信、半导体、平板显示器、相机和光学技术等。同样，电动汽车在基于机械工程的传统汽车行业和基于电化学技术的电池行业之间建立了新的联系。随着第四次工业革命的深入，越来越多的新技术进入商业化应用，全球产业链将更广泛地呈现出服务领域和制造领域的跨行业深度融合。

面对全球产业链的升级和重构，受国内国外多种因素影响，中国产业链也面临着一些新挑战。具体表现为以下 4 个方面。

1. "去工业化" 现象导致经济外循环地位下降

随着新型工业化和新型城镇化的发展，我国二元经济结构转换进入一个新阶段，劳动力由无限供给转变为优先供给，劳动年龄人口持续下降，推动劳动成本的上升，"人口红利"、劳动成本优势曾经是我国参与全球产业链的重要推动力，但这些传统优势正在消失，产业结构正在经历前所未有的变革。

与此同时，作为我国经济模式重要特征的外向型经济，在国民经济中的地位持续下降。典型表现在出口依存度于 2006 年达到峰值 35.4%，进口依存度于 2005 年达到峰值 29.0%，此后分别持续下降到 2020 年的 17.6% 和 14.1%，这意味着中国产业链逐步转变为以内循环为主。

2. 在全球产业链中的地位以中低端为主，一些关键技术和关键零部件被 "卡脖子"

根据世界银行《2020 年世界发展报告》分析，在全球产业链的分布中，中国、墨西哥和斯洛伐克等在中等技术含量制造业比较突出，印度和新加坡在服务业比较突出，德国、日本和美国在创新商品和服务比较突出。

根据亚洲开发银行编制的投入产出表计算，2019 年美国制造业出口的国内增加值率为 51.32%，中国为 45.35%。在高技术行业差距更为显著，如电气和光学设备行业，美国出口国内增加值率为 71.45%，中国为 29.02%。出口国内增加值率低的背后是技术的差距。2015 年中国制造业研发投入强度为 1.1，远远低于美国的 4.0、日本的 3.4、德国的 2.3、韩国的 1.9；中国高技术产业研发经费占制造业研发经费的比重为 26.3%，也远远低于美国的 73.3%、韩国的 58.7%、日本的 41.2%、德国的 34.3%。一些关键零部件、关键材料和关键元器件等严重依赖进口，关键技术掌握在西方发达国家手中，存在"卡脖子"的问题。据 2018 年《科技日报》系列报道的数据，有 35 项关键技术和关键零部件属于被"卡脖子"的。另据工信部数据，在调查的 30 多家企业 130 多种关键基础材料中，空白的占 32%，依赖进口的占 52%。

3. 高科技领域领先企业面临被美国"精准脱钩"风险

美国将我国视为"体系性竞争者"和"制度性竞争者"，要与我国展开长期的"大国竞争"，这是今后相当长时期内我国全球产业链发展必须面对的现实环境。一方面，美国加大研发投入，提升本土关键供应链的完整性与竞争力；另一方面，美国利用各种手段，大肆污蔑和强势打压我国新兴的高科技企业。华为事件正是中美关系中已知风险的"放大镜"。

美国政府对华技术政策由"全面脱钩"转向"精准脱钩"，采取"小院高墙"策略。一方面，精准选择"技术脱钩"所涉及的技术领域，限定在被认为影响未来经济、军事和科技发展及国家安全的关键技术与相关供应链，加大"脱钩"力度，加强安全审查、制裁、出口管制等单边措施；另一方面，协调盟友重构关键技术供应链，与加拿大、韩国和欧盟分别建立了联合研发工作计划，四方安全对话项下也将成立新兴技术工作组。

根据 2020 年 10 月美国国务院公布的《关键与新兴技术国家战略》，列举了 20 项关键技术，包括先进计算、人工智能、自治系统、通信和网络技术、数据科学与存储、量子信息科学、半导体与微电子、分布式账本技术、人机界面、先进传感、先进工程材料、先进制造业、航空发动机技术、先进常规武器技术、农业技术、生物技术、能源技术、医疗和公共卫生技术、太空技术，以及化学、生物、放射性和核（CBRN）缓解技术。这些关键技术几乎涵盖了所有高技术领域。在这些领域相对领先的中国企业，就有被美国"精准脱钩"的风险。

4. 部分产业面临产业转移和贸易转移双重风险

美国打压中国全球产业链，是中美双边经济问题，但在全球产业链时代却具有很强的传递和扩散效应，中美贸易摩擦会产生多边效应。由于中美贸易冲突会波及大量的第三国，有的受损，有的受益，就可能带来产业转移风险和贸易转移风险。

产业转移是中国国内企业，包括外资和内资企业，可能把生产基地转移到其他国家或地区。例如，面对中美贸易摩擦，包括内资企业和外资企业在内的跨国公司采取"中国＋1"战略，将部分产能向南亚、东南亚国家或地区分散。贸易转移是指原来从中国出口的商品转移到其他国家或者原来从美国进口转到其他来源地。同时，随着生产成本、商务成本上升和环境监管趋严，部分企业把生产基地向东南亚、南亚等"一带一路"共建国家或地区转移，寻求新的比较优势。例如，在电子产品全球产业链中，中国国内不断上升的生产成本使得部分产业链转移到东亚—太平洋地区其他国家，如印度尼西亚、马来西亚和泰国。1996～2017 年美国对印度尼西亚、马来西亚、新加坡和泰国进口的电子中间产品总额增长了 3411%。

6.2.6 "一带一路"倡议的实施与成效*

共建"一带一路"围绕互联互通，以基础设施"硬联通"为重要方向，以规则标准"软联通"为重要支撑，以共建国家人民"心联通"为重

---

* 资料来源：共建"一带一路"：构建人类命运共同体的重大实践 ［EB/OL］. https：//www. mfa. gov. cn/wjb_673085/zfxxgk_674865/gknrlb/tywj/zcwj/202310/t20231010_11158751. shtml.

要基础，不断深化政策沟通、设施联通、贸易畅通、资金融通、民心相通，不断拓展合作领域，成为当今世界范围最广、规模最大的国际合作平台。

1. 政策沟通广泛深入

政策沟通是共建"一带一路"的重要保障。中国与共建国家、国际组织积极构建多层次政策沟通交流机制，在发展战略规划、技术经济政策、管理规则和标准等方面发挥政策协同效应，共同制订推进区域合作的规划和措施，为深化务实合作注入了"润滑剂"和"催化剂"，共建"一带一路"日益成为各国交流合作的重要框架。截至 2023 年 6 月底，中国与五大洲的 150 多个国家、30 多个国际组织签署了 200 多份共建"一带一路"合作文件，形成一大批标志性项目和惠民生的"小而美"项目。

政策沟通长效机制基本形成。以元首外交为引领，以政府间战略沟通为支撑，以地方和部门间政策协调为助力，以企业、社会组织等开展项目合作为载体，建立起多层次、多平台、多主体的常规性沟通渠道。中国成功举办两届"一带一路"国际合作高峰论坛，为各参与国家和国际组织深化交往、增进互信、密切来往提供了重要平台。2017 年的第一届"一带一路"国际合作高峰论坛，29 个国家的元首和政府首脑出席，140 多个国家和 80 多个国际组织的 1600 多名代表参会，形成了 5 大类、279 项务实成果。2019 年的第二届"一带一路"国际合作高峰论坛，38 个国家的元首和政府首脑及联合国秘书长、国际货币基金组织总裁等 40 位领导人出席圆桌峰会，超过 150 个国家、92 个国际组织的 6000 余名代表参会，形成了 6 大类、283 项务实成果。

2. 设施联通初具规模

设施联通是共建"一带一路"的优先领域。共建"一带一路"以"六廊六路多国多港"为基本架构，加快推进多层次、复合型基础设施网络建设，基本形成"陆海天网"四位一体的互联互通格局，为促进经贸和产能合作、加强文化交流和人员往来奠定了坚实基础。经济走廊和国际通道建设卓有成效。共建国家共同推进国际骨干通道建设，打造连接亚洲各次区域以及亚欧非之间的基础设施网络。

海上互联互通水平不断提升。共建国家港口航运合作不断深化，货物运输效率大幅提升。"丝路海运"网络持续拓展，截至 2023 年 6 月底，"丝路海运"航线已通达全球 43 个国家的 117 个港口，300 多家国内外知名航运公司、港口企业、智库等加入"丝路海运"联盟。"海上丝绸之路海洋环境预报保障系统"持续业务化运行，范围覆盖共建国家 100 多个城市。

"空中丝绸之路"建设成效显著。共建国家间航空航线网络加快拓展，空中联通水平稳步提升。中国已与 104 个共建国家签署双边航空运输协定，与 57 个共建国家实现空中直航，跨境运输便利化水平不断提高。中国企业积极参与巴基斯坦、尼泊尔、多哥等共建国家民航基础设施领域合作，助力当地民航事业发展。中国民航"一带一路"合作平台于 2020 年 8 月正式成立，共建国家民航交流合作机制和平台更加健全。

国际多式联运大通道持续拓展。中欧班列、中欧陆海快线、西部陆海新通道、连云港—霍尔果斯新亚欧陆海联运等国际多式联运稳步发展。中欧班列通达欧洲 25 个国家的 200 多个城市，86 条时速 120 公里的运行线路穿越亚欧腹地主要区域，物流配送网络覆盖欧亚大陆；截至 2023 年 6 月底，中欧班列累计开行 7.4 万列，运输近 700 万标箱，货物品类达 5 万多种，涉及汽车整车、机械设备、电子产品等 53 大门类，合计货值超 3000 亿美元。中欧陆海快线从无到有，成为继传统海运航线、陆上中欧班列之外中欧间的第三条贸易通道，2022 年全通道运输总箱量超过 18 万标箱，火车开行 2600 余列。西部陆海新通道铁海联运班列覆盖中国中西部 18 个省（区、市），货物流向通达 100 多个国家的 300 多个港口。

3. 贸易畅通便捷高效

贸易投资合作是共建"一带一路"的重要内容。共建国家着力解决贸易投资自由化便利化问题，大幅消除贸易投资壁垒，改善区域内和各国营商环境，建设自由贸易区，拓宽贸易领域、优化贸易结构，拓展相互投资和产业合作领域，推动建立更加均衡、平等和可持续的贸易体系，发展互利共赢的经贸关系，共同做大做好合作"蛋糕"。

贸易投资规模稳步扩大。2013～2022年，中国与共建国家进出口总额累计19.1万亿美元，年均增长6.4%；与共建国家双向投资累计超过3800亿美元，其中中国对外直接投资超过2400亿美元；中国在共建国家承包工程新签合同额、完成营业额累计分别达到2万亿美元、1.3万亿美元。2022年，中国与共建国家进出口总额近2.9万亿美元，占同期中国外贸总值的45.4%，较2013年提高了6.2个百分点；中国民营企业对共建国家进出口总额超过1.5万亿美元，占同期中国与共建国家进出口总额的53.7%。

贸易投资自由化便利化水平不断提升。共建国家共同维护多边主义和自由贸易，努力营造密切彼此间经贸关系的良好制度环境，在工作制度对接、技术标准协调、检验结果互认、电子证书联网等方面取得积极进展。截至2023年8月底，80多个国家和国际组织参与中国发起的《"一带一路"贸易畅通合作倡议》。中国与28个国家和地区签署21个自贸协定；《区域全面经济伙伴关系协定》（RCEP）于2022年1月1日正式生效，是世界上人口规模和经贸规模最大的自贸区，与共建"一带一路"覆盖国家和地区、涵盖领域和内容等方面相互重叠、相互补充，在亚洲地区形成双轮驱动的经贸合作发展新格局。

产业合作深入推进。共建国家致力于打造协同发展、互利共赢的合作格局，有力促进了各国产业结构升级、产业链优化布局。共建国家共同推进国际产能合作，深化钢铁、有色金属、建材、汽车、工程机械、资源能源、农业等传统行业合作，探索数字经济、新能源汽车、核能与核技术、5G等新兴产业合作，与有意愿的国家开展三方、多方市场合作，促进各方优势互补、互惠共赢。截至2023年6月底，中国已同40多个国家签署了产能合作文件，中国国际矿业大会、中国—东盟矿业合作论坛等成为共建国家开展矿业产能合作的重要平台。

4. 资金融通日益多元

资金融通是共建"一带一路"的重要支撑。共建国家及有关机构积极开展多种形式的金融合作，创新投融资模式、拓宽投融资渠道、丰富投融资主体、完善投融资机制，大力推动政策性金融、开发性金融、商业性金融、合作性金融支持共建"一带一路"，努力构建长期、稳定、可持续、风险可控的投融资体系。

金融合作机制日益健全。截至 2023 年 6 月底，共有 13 家中资银行在 50 个共建国家设立 145 家一级机构，131 个共建国家的 1770 万家商户开通银联卡业务，74 个共建国家开通银联移动支付服务。"一带一路"创新发展中心、"一带一路"财经发展研究中心、中国—国际货币基金组织联合能力建设中心相继设立。中国已与 20 个共建国家签署双边本币互换协议，在 17 个共建国家建立人民币清算安排，人民币跨境支付系统的参与者数量、业务量、影响力逐步提升，有效促进了贸易投资便利化。金融监管合作和交流持续推进，中国银保监会（现国家金融监督管理总局）、证监会与境外多个国家的监管机构签署监管合作谅解备忘录，推动建立区域内监管协调机制，促进资金高效配置，强化风险管控，为各类金融机构及投资主体创造良好投资条件。

投融资渠道平台不断拓展。中国出资设立丝路基金，并与相关国家一道成立亚洲基础设施投资银行。丝路基金专门服务于"一带一路"建设，截至 2023 年 6 月底，丝路基金累计签约投资项目 75 个，承诺投资金额约 220.4 亿美元；亚洲基础设施投资银行已有 106 个成员，批准 227 个投资项目，共投资 436 亿美元，项目涉及交通、能源、公共卫生等领域，为共建国家基础设施互联互通和经济社会可持续发展提供投融资支持。中国积极参与现有各类融资安排机制，与世界银行、亚洲开发银行等国际金融机构签署合作备忘录，与国际金融机构联合筹建多边开发融资合作中心，与欧洲复兴开发银行加强第三方市场投融资合作，与国际金融公司、非洲开发银行等开展联合融资，有效撬动市场资金参与。中国国家开发银行、中国进出口银行分别设立"一带一路"专项贷款，集中资源加大对共建"一带一路"的融资支持。截至 2022 年底，中国国家开发银行已直接为 1300 多个"一带一路"项目提供了优质金融服务，有效发挥了开发性金融引领、汇聚境内外各类资金共同参与共建"一带一路"的融资先导作用；中国进出口银行"一带一路"贷款余额达 2.2 万亿元，覆盖超过 130 个共建国家，贷款项目累计拉动投资 4000 多亿美元，带动贸易超过 2 万亿美元。中国信保充分发挥出口信用保险政策性职能，积极为共建"一带一路"提供综合保障。

6.2.7　内循环为主的双循环新格局

2020年7月30日的中央政治局会议上，提出了要"加快形成以国内大循环为主体、国内国际双循环相互促进的新发展格局"。过去多年，国内循环和国际循环双轮驱动，特别是外循环发挥了重要作用，是我国增长表现优异的重要解释因素。而现在，各方面条件都发生了显著变化，转向以内循环为主的双循环格局，既是现实表现，也是必然选择。

1."双循环"是实现我国经济高质量发展的内在要求

"以国内大循环为主体"切合我国当前发展阶段的特征，突出了内需的重要性。当前我国经济形势仍然复杂严峻，内外部环境不确定性较大。一是全球经济的衰退、逆全球化以及中美贸易摩擦导致我国外需出现下降。二是国内消费、投资增速下滑，对经济增长带来压力。在此背景下，我国今后的经济发展要在重视外需的基础上扩大内需，降低外部环境变化对经济增长的影响。今后我国经济发展内需的中长期战略地位不断提升，扩大内需不是过去大规模刺激的简单重复，而是要坚持供给侧结构性改革的推进，依靠科技的创新，寻找经济增长的新动能，形成更多新的增长极，这是"以国内大循环为主体"的重要内涵。

2."双循环"是有效应对全球经济不确定性、重构新型产业链体系的理性选择

一方面，自2008年金融危机以来，全球需求总体低迷，伴随"逆全球化"和中美关系的变化，全球产业分工以及部分产业受到较大冲击。另一方面，2020年新冠疫情突如其来，世界经济遭遇重挫，全球需求市场萎缩，国际局势呈现出前所未有的复杂格局，疫情让稳定的全球供应链饱受更大考验。面对当今世界变局，我国在保持开放心态的同时，必须高度重视产业链可能受到的威胁和挑战，以国内循环为主保障中国产业链的稳健性和安全性。

6.2.8　实现高质量双循环

我国已经进入全面建设社会主义现代化国家的新阶段，人民群众对美好生活的愿望丰富多元，消费档次和水平不断提高。因此，新发展阶段需要的内循环是高质量的内循环。未来一个时期，国内市场主导国民经济循环的特征会更加明显，经济增长的内需潜力会不断释放。实现双循环可从激活内需、提升供给、互联互通、收入分配和金融支持等方面发力。

1. 激活内需，提升国内消费数量和质量

消费是我国扩大内需战略的核心，未来要把我国超大规模的市场优势和内需潜力充分激发出来，形成"能消费""敢消费""愿消费"的局面。

一是夯实"能消费"的民生基础，持续扩大就业和增加居民收入。加大脱贫攻坚、精准脱贫和乡村振兴力度，抓好重点行业、重点人群就业工作，增加低收入者收入，扩大中等收入者比重。二是消除"敢消费"的后顾之忧，弥补民生服务短板。顺应我国新型城镇化快速发展趋势，加大环境卫生、市政公用、公共服务、产业配套等领域投资力度，同时完善教育、医疗、养老等领域的制度保障，解除居民消费束缚，引导居民主动消费。三是创造"愿消费"的场景环境，培育新的消费增长点。疫情期间，智能化、数字化催生了新消费模式、消费场景和消费习惯，人民群众的消费需求日益丰富。要借力新型基础设施建设和数字经济的蓬勃发展，加快释放教育、娱乐、购物的数字化消费潜力。四是重视政府引导作用，促进产业消费"双升级"。要发挥政府在扩大内需方面的作用，引导资金投向供需共同受益、具有乘数效应的先进制造、民生建设、基础设施短板等领域，以产业带动消费、以消费回馈产业。

2. 提升供给，深化供给侧结构性改革

构建以国内大循环为主的内需体系，必须深化供给侧结构性改革，提升供给水平，保障供给安全。

一是创新引领，确保产业链安全。自主研发"卡脖子"的核心技术，

降低产业链关键环节的对外依赖度，努力疏通国内大循环的堵点。二是新旧并重，推动产业结构优化。加快传统产业改造升级步伐，主动淘汰高污染、高能耗的过剩产能，积极培育高端装备、生物医药、新能源、信息技术、节能环保等战略性新兴产业。三是提高自给率，确保粮食、能源、矿产品等原材料供给。在粮食生产、能源结构、矿源多样化等领域下大力气，推进现代农业体系建设，强化能源安全意识，推动新能源的广泛运用，稳定铁矿石、原油等矿产品贸易，争夺大宗商品定价权。

3. 互联互通，统筹国内国际双循环

"双循环"绝不是封闭的国内循环，而是开放的国内国际双循环，要求统筹国内国际两个大局，推动对外开放进入新的阶段，形成国际合作和竞争的新优势。近年来，我国在世界经济中的地位持续上升，与世界经济的联系更加紧密，成为全球商品、要素资源的巨大引力场，统筹国内国际双循环的重要性上升到前所未有的高度。"双循环"要求更高水平的开放，未来将继续依托"一带一路"倡议，加快西部陆海新通道以及自贸区、自贸港建设，使对外开放的领域从制造业延伸到服务业。"双循环"格局要求形成多领域开放格局，市场准入进一步放宽、营商环境不断改善、关税水平持续降低，使对外开放呈现出更大范围、更宽领域、更深层次的特征。

6.3 供给侧结构性改革的前景展望

中国当前供给侧结构性改革的展望，至少可以包括以下几个大的方面。

一是要实现经济、社会和环境的可持续发展，尤其是要注重在保护环境的基础上实现经济增长。在以工业化为先导的现代化进程中，我国首先是通过增加生产要素的投入来扩大产出，从而实现高速增长。改革开放40多年以来，我国能源消费对经济增长的弹性系数一直很高，长期保持在

0.8~0.9，而在21世纪的前十年则达到0.9以上，并没有随着经济发展水平的提高而有显著改善。中国目前已经是全球最大的能源消费国，能源消费量占世界的比重已经达到20%以上。其他自然资源的开发和使用也存在着类似的情况。目前国际能源和资源价格的下跌，事实上降低了我们的发展成本。但是一旦国际市场上能源和资源的价格重新上升，就有可能形成外部输入的通货膨胀，对我国的经济增长带来冲击。由于环境保护措施没有跟上，环境保护产业又没有得到相应的发展，我国的环境污染尤其是空气污染已经发展到相当严重的地步。在很多地方，高耗能、高污染、高浪费和低效率企业的发展事实上是得到鼓励的，很多企业通过逃避应该承担的社会责任的发展成本得以生存和发展，从短期看来地方好像增加了一些GDP，长期看来却是后患无穷。现在我国存在的产能过剩，这些"三高一低"企业占了相当大的部分。这些企业及其行业的转型升级可能是一个艰苦甚至是痛苦的过程，一些企业甚至可能无法继续生存，但从长远看来，如果不通过改革来显著地改善这些能源和资源依赖型企业的效率和环保水平，我国的经济增长将难以为继。我们一方面要通过加强法治建设提高环境保护标准，依法治国，避免环境的进一步恶化；另一方面要鼓励技术进步，提高能源和自然资源的使用效率，鼓励环保产业的发展。这是我国转变经济增长方式的一项重要基础工作。

二是要通过推动混合所有制的改革，增加国有和国有控股企业的市场竞争性效率。我国现阶段对国有企业特别是大型和特大型企业进行混合所有制经济改革，是产权制度的结构性改革，目的显然是提高其市场竞争性效率，适应社会主义市场经济的竞争要求，否则，单纯的国有制独资或绝对控股的国有企业，在制度上能保证实现国有企业服务社会发展和体现国家总体利益要求的功能，但却难以实现市场竞争性效率最大化目标。并非说实现了企业混合所有制经济改革就必然能保证充分实现市场竞争盈利目标，但不进行混合所有制改革，传统国有制企业在所有制上和企业功能定位上难以实现微观盈利的效率目标，国有企业混合所有制经济改革正是在企业所有制上为企业适应市场竞争创造必要的基础。因此，经改造后国有企业成为混合所有制企业之后，其企业目标原则上会发生根本的变化，不再是传统的国有企业以社会发展和国家总体利益需要作为首要目标，而是以适应市场竞争，获取最大盈利作为首要目标，企业服务社会、贡献国家的方式则以其他方式实现。这就要求，对国有企业进行混合所有制改革的根本发展目的是为企业提升市场竞争性盈利最大化能力创造制度基础，选择进行混合所有制改革的范围应以是否能够、是否需要由以往国有企业目标转换到市场盈利目标作为界定原则。

进而，首先，在央企和地方国有企业之间如何选择？无论是央企还是地方国企，只要创办的目的首先是盈利最大化而不是全社会发展和国家总体根本目标为首要，并且所处领域并非"天然"亏损领域，不必由国家创办国企来承担"天然"亏损的社会责任，那么，就可以考虑进行混合所有制改造，当然，现实地看，地方国企或许可以改革的范围更广泛些，这与地方国企的特点有关。

其次，在垄断与竞争领域如何选择？原则上在竞争性或并不是自然垄断性质的领域，均可以考虑进行混合所有制经济改革，无论企业本身的规模是大还是小，只要所处的领域是竞争性的，其中的国有企业便可以考虑进行混合所有制改革及非国有化改造，因为国有制企业在制度上的确不能也不应首先接受市场规则的硬约束，而应以接受国家要求和政府约束为首要，否则便不称其为国有制，况且，有些看起来是垄断行业，但也并不是"天然"垄断，而是制度性、政策性形成的垄断，这种垄断恰恰是需要限制和打破的，而在企业制度上进行混合所有制改革，正是打破这种垄断的根本举措，即使是"天然"垄断领域继续采取国有企业的方式，也需建立相应的"规制"规范约束其垄断行为，均衡企业利益与国家利益，特别是我国现阶段人们普遍关注的金融、石油、电力、铁路、电信、资源开发、公用事业等七大领域，也是大型和特大型国有企业分布最为集中（甚至是垄断状态）的领域，这些领域中的国有企业，要不要进行混合所有制经济改革？核心在于科学地区分和明确这些领域中，到底哪些属于自然垄断性质，哪些具有竞争性？进而，哪些可以竞争性的市场利润最大化为企业首要目标？哪些必须以社会长远发展和国家总体利益要求为首要目标？哪些可以经济效率，特别是微观的资源配置效率为根本，哪些必须以更广泛的社会目标，包括国家安全等一系列非经济目标为根本？这七大领域中国有企业混合所有制经济改革需要根据不同情况，适时适度展开。

三是要实现区域间生产力布局的均衡。改革开放初期，邓小平提出允许一部分人、一些地区先富起来，先富帮后富，最终实现共同富裕。中国通过发展经济特区、沿海开放城市以及后来重点建设一些大都会，实现了一部分地区先富起来的战略目标。

与改革开放初期相比，现在中国的经济发展已经有了显著的变化，但与此同时，中国区域间的差距仍然非常大。在一些先富起来的地区（如浙江、江苏和广东等），现代化的水平已经相当高，上海、北京、天津、广州、深圳这些大都市，其人均GDP及实际经济发展水平甚至已经达到了高收入国家或地区的水平。但以贵州、云南等地区为代表的欠发达地区，平均发展水平却仍然在下中等收入的水平或者说刚刚达到上中等水平，很多地区仍然处于下中等收入水平。在同一个地区（省份），大都市与小城市之间，城乡之间，经济发展水平也仍然存在着很大的差距。这种发展水平以及相应的居民收入水平上的差距，导致人口及生产要素向大城市流动，在大城市人口拥挤、投资条件恶化的同时，欠发达地区的发展却没有跟上来，导致资源配置效率降低，经济增长的动力减弱。因此，如何通过合理的政策，引导各种资源和生产要素向欠发达地区流动，推动这些地区的工业化和城镇化进程，发挥这些地区的比较优势，是改善我国生产力分布不均现状，实现可持续增长的重要途径。

近两年来，我国高收入地区的增速普遍回落，但重庆等地区由于有了比较好的政策，实现城乡综合一体化发展，同时有生产要素的比较优势，经济增长仍然保持了很好的势头。就中国的经济发展水平较低的地区而言，经济增长不是太快而是仍然有提高的空间，但问题是在经济发展过程中得不到充分的资源，投入不足，很多企业期望在大城市赚快钱，不愿意去发展水平较低的地区进行长线投资，但是实际上，期望和实际往往存在着很大的差距，最终反而可能投资失败。

经济增长在区域间的非均衡性，是我国作为一个发展中国家在工业化和现代化进程中的必经之路，这一方面反映了我国和欧美等发达国家之间的差距，说明部分地区的现代化并不等于一个国家的现代化，个别地区经济上的超前发展如果不能充分带动其他地区的发展，那么这些地区的整体福利也不可能真正地得到彻底改善；另一方面，这种区域间经济发展的不均衡事实上又是我国经济发展的比较优势，因为在这些地区，无论是在改善需求还是加强供给方面，都有更大的空间。而需求的发展，必须建立在这些地区经济发展的基础上，建立在经济发展基础上的居民收入改善，才可能根本改变长期需求。

四是要不断地推动产业结构的升级，提高经济增长的效率。长期以来，相对于经济发展水平而言，中国产业结构的提升是相对滞后的。从一般市场经济国家的发展规律来看，工业化进程是要有第三产业（商业、交通运输业等）为基础的，因为工业化推进分工和生产专业化必须有流通领域的配合，这无论是在欧美等早期的发达国家还是在日本和"亚洲四小龙"这些后起的新兴国家和地区都是如此，因此他们的第三产业有两个较大的发展时期，一是在工业化以前为工业化做准备，这也是威廉·配第在英国工业化早期就提出的配第·克拉克定理的历史背景；二是在工业化后期及其完成之后，随着制造业发展到一定高度，第三产业在国民经济中的比重将会进一步得到很大的提升。但是在我国，在计划经济条件下，由于强调重工业优先发展，市场经济又不发达，到了改革开放初期，我国的传统业是发展不足的；而到了改革开放之后，由于强调和追求高增长，仍然是制造业及第二产业在优先发展，第三产业不是没有发展，但相较于制造业、工业及整个第二产业而言，无论是传统服务业（批发零售、运输等）还是现代服务业（科技创新、金融、通信等）的发展都是滞后的。在高增长下，这种服务业发展不足所带来的经济增长中的结构性矛盾在一定程度上被掩盖。但是到了一定的阶段，无论是从投资形成的基础设施看（大部分基础设施投资最后都会转化成为第三产业的固定资产，如机场、铁路、公路、港口、互联网等），还是从制造业的转型升级和专业化分工来看（制造业中将有越来越多的功能由第三产业来承担，如制造业的融资、技术服务、运输、销售等），或者从容纳工业化和城镇化带来的就业压力来看（第三产业是吸收就业最多的产业，而第二产业则是排斥劳动的，将在不断的产业升级中用机器和技术代替劳动），第三产业都需要有一个大的发展，而我国现在正处于这一发展阶段。

近几年来，在整个经济增长放缓的背景下，第二产业的增长率出现了显著的回落，从10%以上回落到6%左右，而第三产业的增长率也有所放缓，但仍然保持了8%左右的增长，这实际上表明我国的经济增长客观上需要通过一次较大的结构调整，才能实现持续的增长。2013年，第三产业在我国国民经济中的比重第一次超过了第二产业，成为我国经济增长中的主导行业，而在近几年的新增非农业就业中，大约有2/3是由第三产业吸纳的。从现在各行业产能过剩的情况看，主要集中在工业部门，而第三产业的供需则是相对平衡的，有些地方还存在着供给不足。这说明在供给领域或生产领域中行政主导的制造业投资，很多时候会造成负作用，而主要由市场经济推动的服务业的发展则更为健康。因此在提升产业结构方面，供给侧结构性的改革实际上就是要强调按照客观经济规律办事，在现阶段就是要通过市场的法治建设和道德建设，完善市场制度和市场秩序，真正让市场经济在配置资源上充分发挥决定性作用，实现各个产业的均衡发展。

五是要推动分配和再分配领域的改革，在降低企业负担提高市场竞争力的同时，增加劳动者报酬扩大全社会有支付能力的需求。国民收入的分配和再分配，始于供给领域，通过分配和再分配，成为国民经济各个机构部门（企业、金融机构、政府、居民等）的可支配收入，最后形成各种最终消费（居民最终消费和投资、政府最终消费和投资、企业资本形成等），是连接供给领域和需求领域的纽带。收入分配和再分配的改革必然会影响需求，但是从总体上看，它属于供给侧的管理和改革，这是因为任何深入的收入分配的改革必须从生产领域的初次分配开始，这种改革直接调整的就是企业、政府和劳动者之间的利益关系，这种关系如果处理得好，就会像改革初期时我们进行这种改革时那样，大大调动政府、企业和劳动者的积极性，从而有力地促进经济增长，但如果处理不好，收入分配的几大主体之间、各个主体内部的利益关系会出现大的失衡，那么整体的经济增长就会受到影响。

就目前的情况看，从2009年开始，我国居民收入分配差异扩大化、居民部门和其他部门之间收入增长失衡的矛盾已经有所改善，基尼系数有缩小的倾向，但是变化的幅度还不够，居民可支配收入的增长不足影响了居民消费水平的进一步提高；而就企业而言，由于用工成本在增加，但市场的扩张相对缓慢，很多企业甚至还面临产能过剩，企业的利润空间明显压缩，影响了企业的发展甚至是生存，在这种情况下，在鼓励企业加快技术进步、提高市场竞争力的同时，要适当减轻企业税收和公共事业收费的负担。从我们国家的税收构成看，对企业产品和服务的税收（即所谓间接税）所占的比重，大大高于对企业和居民的收入和财富的征税（即所谓直接税），而在发达市场经济国家（如美国和日本），企业和居民在生产过程（即初次分配）中纳税是相对较轻的，国家的主要税收收入来自再分配过程（第二次分配）对于收入和财富的征税（收入税）。

降低间接税（生产税）的好处是企业在生产过程中所要负担的成本主要来自市场，国家则主要是在生产过程完成之后再对各个收入主体进行征税，企业的负担相对较轻。企业发展了，国家向企业征收的税收（包括间接税和直接税）就能增加，劳动者的收入也就有可能随着企业的发展而提高，劳动者也就有更强的纳税能力，国家从劳动者那里征收的所得税也可以增加。

我国当前的税收制度是从计划经济转轨而来的，在计划经济下，劳动者基本上是不用纳税的，而企业对国家的贡献表现为上缴利润，而在后来的改制中，上缴利润被改为上缴营业税，这种税收的好处在于国家能够保证比较稳定的税收，问题是企业在生产活动一开始就必须面临着一定的税收负担。所以我们应该通过税收制度的改革，由国家适度承担一些经济发展中的收入风险，增加企业和劳动者的收入，最终达到各个收入主体的收入都能够进一步提升的目标。这实际上就是从收入角度观察而获得的经济增长。从我国目前的情况看，国民收入分配和再分配的改革，在企业层面的改革已经基本上实现了市场化改革的目标，除了一些国企和政府机构外，大多数劳动者报酬已经实现了市场定价，但在政府层面的改革，尤其是税收制度的改革，还有很大的发展空间，应该在供给领域的深化改革中稳定推进。

 小结

供给侧结构性改革在我国经济发展战略中占据了举足轻重的地位，它标志着经济管理重心的根本转变，从需求调控转向更注重供给调控。本章节深入探讨了此改革对我国宏观经济管理和政策制定的深远影响。

我们要认识到，供给侧结构性改革不是一个独立于全球经济理论的概念。早在19世纪初的萨伊定律，到20世纪的美国和英国的供给学派实践，都强调了供给在经济增长中的作用。这些历史实例为我国改革提供了宝贵的参考。我国供给侧结构性改革的推动，反映了我国经济发展的阶段性特征和新常态。结构性问题的解决，特别是在跨越"中等收入陷阱"的过程中，需要依赖制度创新和提升效率。在此背景下，供给侧结构性改革成为推动经济发展，应对老龄化、环境压力等长期挑战的关键。

本章节指出，改革的核心包括优化资源配置、减少行政干预、提高资源利用效率、促进劳动力市场和产业升级。同时，我们也强调了在新常态下，如何通过供给侧的结构性改革来应对宏观经济的变化。供给侧结构性改革的实践并非没有挑战。我国需要在减少行政干预的同时，确保市场机制能更有效地发挥作用，同时也要注意到改革需要克服的诸多困难，例如产能过剩、市场结构性失衡等。

延伸阅读

金融供给侧结构性改革中的注册制改革

注册制改革指将发行制度改为注册制的一种市场监管制度改革。传统的发行制度是指企业在发行股票或债券时需要经过证券监管机构的审核和批准，才能在资本市场上进行公开发行。而注册制则是指企业只需要按照一定的规定进行信息披露，然后在资本市场上进行注册登记，即可进行公开发行。注册制改革的目的是提高市场的效率和透明度，促进资本市场的健康发展。

注册制改革的核心是信息披露。在注册制下，企业需要按照一定的规定进行信息披露，包括财务报表、经营情况、风险提示等。这样可以提高市场的透明度，让投资者更加了解企业的真实情况，从而做出更加明智的投资决策。同时，注册制也要求企业及时披露重大事项，如重大资产重组、股权变动等，以保护投资者的合法权益。

　　注册制改革还可以提高市场的效率。传统的发行制度需要企业经过证券监管机构的审核和批准，这个过程通常需要较长的时间，导致企业融资效率低下。而注册制则简化了发行程序，减少了审核环节，提高了企业的融资效率。这样可以更好地满足企业的融资需求，促进经济的发展。

　　注册制改革还可以促进市场的创新。传统的发行制度对于新兴产业和创新型企业来说，往往存在较高的准入门槛和审核标准，限制了市场的创新活力。而注册制则更加注重信息披露和投资者保护，对于新兴产业和创新型企业来说，更加注重企业的成长潜力和市场前景，而不是过分关注企业的过往业绩。这样可以为新兴产业和创新型企业提供更多的融资机会，促进市场的创新发展。

　　然而，注册制改革也面临一些挑战和风险。首先，注册制要求企业进行全面的信息披露，这对于一些企业来说可能会增加财务成本和管理成本。其次，注册制要求投资者具备一定的风险识别和判断能力，否则可能会导致投资者的风险承担能力不足，造成投资损失。最后，注册制改革还需要建立健全的市场监管机制，加强对市场的监测和监控，及时发现和处理违法行为，保护投资者的合法权益。

　　综上所述，注册制改革是一种重要的市场监管制度改革，可以提高市场的效率和透明度，促进市场的健康发展。然而，注册制改革也面临一些挑战和风险，需要政府、监管机构和市场参与者共同努力，形成合力，推动注册制改革的顺利进行。只有通过不断的改革和创新，才能建立一个更加健康、稳定和透明的资本市场。